합법적으로 덜 내는 상속증여 절세법

합법적으로 덜 내는

현직 금융기관 세무 전문가가
알려주는 부의 이전

상속증여 절세법

이환주
김재현 지음

원앤원북스

재산을 불리는 것 못지않게 중요한 것이 있습니다. 바로 자녀들에게 지혜롭게 물려주는 것입니다. 장기 플랜으로 상속과 증여를 준비하면, 과도한 세 부담을 피할 수 있을 뿐만 아니라 부모의 재산을 둘러싼 형제들의 분쟁도 예방할 수 있을 것입니다. 다시 말해, 상속증여는 부모의 재산이 성공적으로 승계될 수 있도록 하는 것은 물론 부모의 경험과 지혜를 자녀에게 전달하는 'Second Generation Planning'이 가능하게 도와줍니다.

2011년 금융권 최초로 상속증여센터를 설립한 하나은행은, 10년이 넘는 기간 동안 손님 분들의 세대이전 상속 및 사전증여 플랜을 세워 드리는 최고의 종합자산관리 서비스를 제공했습니다. 뿐만 아니라, 가족 간의 재산분쟁을 방지하기 위한 유언대용

신탁 등 신탁제도를 활용해 가족 간 재산권리 관계를 정리해주는 신탁 서비스까지 확대해 제공하고 있습니다.

하나은행의 리빙트러스트센터에 합류하신 이 책의 저자 이환주 세무사와 김재현 회계사는 자산가 손님에 대한 세무 상담뿐 아니라, 다양한 매체에 기고·강연을 통해 대중들에게 세금의 중요성을 전파하고 있습니다. 나아가, 세금 문제 해결부터 가족 간 분쟁 방지와 가족 자산을 포괄적으로 관리하는 신탁컨설팅까지 제공함으로써 전문성을 인정받고 있습니다.

세금 문제는 부자들만이 아니라 모든 이에게 적용되는 것입니다. 오랜 기간 많은 손님과의 상담을 통해 축적된 노하우가 담긴 이 책을 통해, 독자께서도 일상생활 속 세금을 둘러싼 크고 작은 문제에 현명한 의사 결정을 하실 수 있는 지혜를 얻으리라 믿습니다.

마지막으로, 이 책의 출간을 진심으로 축하하며 두 전문가의 풍부한 지식과 오랜 경험이 많은 독자 분께 발생할 수 있는 다양한 세금 문제들을 해결하는 실마리가 되길 바랍니다.

전 하나은행장 박성호

상속증여세는
부자만의 세금이 아니다

운전할 때 가끔 이런 생각을 합니다. '예전엔 어떻게 이정표만 보고 운전했을까?' 지금은 네비게이션을 통해, 그리고 다가올 시대는 자율주행을 통해 더욱 편리해지고 있습니다. 핸드폰 하나만 있으면, 어떤 정보든 쉽게 얻을 수 있는 편리한 세상이 된 것이죠.

반면, 세금 지식은 여전히 스마트하지 못해 안타까운 사연을 많이 접합니다. 예전에는 신고 안 해도 몰랐는데… 옆집 누구네는 엄마 돈을 ×××만 원씩 인출해줘도 문제가 없다는데…

맞습니다. 스마트한 시대가 되기 전에는 증여 신고 없이 그냥 줘도, 계좌에서 일정 금액을 인출해도 국세청이 알 수 있는 방법이 많지 않았습니다. 하지만 지금은 다릅니다. 많은 데이터가 담겨 있는 핸드폰과 금융정보를 국세청도 활용합니다.

우리나라 정보기관 중 가장 많은 정보를 수집하고 활용할 수 있는 곳이 바로 국세청입니다. 예전처럼 세금 신고 없이 자녀의 집을 마련해준다거나, 전세금을 내주거나, 큰돈을 주는 것이 당장은 유리해 보일 수 있지만, 몇 년 후 세무조사 타깃이 되어 더 많은 세금을 내야 할지도 모를 시대가 되었습니다.

상속증여세는 부자들만 내는 세금이라고 생각하는 분들이 아직도 많습니다. 하지만, 2021년 이후 서울 아파트 평균매매가격이 11억 원을 넘었습니다. 배우자가 없다면 최소 5억 원을 공제받는 상속세 구조하에서, 집 한 채만 있어도 상속세를 내야 하는 시대가 된 것입니다.

그래서일까요? 한국부동산원에 따르면 서울 주택증여는 2021년 2만 건, 그 이후에도 1만여 건 이상의 증여가 꾸준히 발생하고 있습니다. 그만큼 많은 분이 세금에 관심 갖고 절세를 실행하고 있다는 걸 의미합니다. 재산을 불리는 것 못지않게 중요한 것이, 바로 자녀들에게 지혜롭게 물려주는 것입니다.

상속증여세는 10년 단위 장기 플랜을 어떻게 계획하느냐에 따라 과도한 세 부담을 피할 수 있습니다. 이 책은 매년 500건 넘는 고객 세금 상담을 통해, 많은 분이 공통적으로 고민하는 내용들을 모아 합법적으로 절세할 수 있는 방법을 사례로 쉽게 접근할 수 있도록 구성했습니다. 또한 일상생활에서 무심코 하는 많은 행동이 증여 조사와 연결될 수 있는 사례들을 언급함으로써 세무조사 대상이 되지 않는 방법들도 소개하고 있습니다.

우리 모두는 부자의 꿈을 꿉니다. 그리고 나는 부자로 살지 못할지언정, 내가 열심히 피땀 흘려 일군 재산을 자녀들에게 온전하게 물려줘 적어도 자녀들만큼은 부자로 살길 원합니다. 그런 의미에서 꼭 알아야 하는 상속, 증여 관련 내용을 44가지로 구성해 책에 실었습니다. 또한 2024년 2월까지 개정된 시행령 및 시행규칙 등 최신 세법을 담아 독자들이 변경된 규정을 정확히 인지할 수 있도록 신경썼습니다.

완성도 있는 글이 될 수 있게 많은 조언을 해준 임경인 세무사, 많은 시간을 함께 고민하고 토론하며 함께 만든 공동저자 김재현 회계사, 이 책이 세상에 나올 수 있게 정성껏 만들어주신 원앤원북스 대표님과 직원분들, 아낌없는 지원을 해주신 하나은행 자산관리그룹 임직원분들, 열심히 책을 쓸 수 있게 도와주신 어머님과 장인·장모님, 그리고 아내에게 진심으로 감사드립니다. 그리고 세상에서 가장 소중한 딸 채원이와 바르게 잘 자랄 수 있도록 항상 하늘에서 지켜보고 계신 아버지에게 이 책을 바칩니다.

이환주 드림

서울시 중소형 아파트 중위매매가격이 10억 원을 넘었습니다. 집 한 채만 있어도 상속세를 걱정해야 하는 것이죠. 반면 결혼을 앞두거나 신혼인 20~30대에게는 내 집 한 채 마련이 인생의 목표가 되어버렸습니다. 청년 평균 연봉으로 서울에서 중간 가격의 집을 사려면, 한 푼도 쓰지 않고 17년을 넘게 모아야 합니다. 부모의 도움 없이는 내 가족의 행복한 보금자리 마련도 어려운 것입니다. 상속증여세는 더 이상 소수 부자들만의 세금이 아닙니다.

금융기관의 VIP나 개인사업자 또는 법인을 운영해 평소 세무사를 자주 접하는 이라면 모를까, 일반인이 상속증여세 절세 상담을 접하기란 쉽지 않습니다. 큰 마음 먹고 유료 상담을 해도, 무엇을 질문해야 할지 또 무슨 자료를 준비해야 할지부터 막막하죠. 상속증여세는 모두의 문제로 자리 잡아가고 있지만, 전문적인 절세 상담은 여전히 일부 자산가들에게만 편중되어 있는 실정입니다.

세법은 돈과 직접적으로 관련되는 법이니만큼, 개정에 따른 세금 변화에 민감하게 따라가지 못하면 금전적인 손해를 입을 수밖에 없습니다. 유튜브, SNS, 인터넷 기사 등 넘쳐나는 정보 속에서 많은 이가 세금 관련 내용을 손쉽게 확인할 수 있지만, 이미 수 년 전 개정되어 없어진 절세법이나 내 상황에 맞지 않는 사례를 보고 잘못된 선택을 했다가 내지 않아도 될 가산세까지 부담하는 경우도 많습니다.

'소득이 있는 곳에 세금이 있다'는 말처럼 세금을 '0원'으로 만드는 마법 같은 방법은 없습니다. 내 상식과 다르게 세금이 많이 절감됐다는 건 그만큼 세무조사 위험도 뒤따를 수밖에 없다는 뜻입니다. 세법과 정책이 1년에도 몇 번이나 바뀌는 상황에서, 흐름을 놓쳐 불필요한 세금을 내지 않도록 하는 것이 결국 돈 버는 방법이라고 생각합니다.

이 책은 회계법인과 금융기관에서 근무하며 쌓은 세금 지식과 노하우를 고객 상담하는 마음가짐으로 쉽게 풀어쓰려 한 결과물입니다. 2024년 2월 현재 세법, 시행령, 시행규칙 개정사항을 모두 반영했고, 최근 유권해석과 국세청의 조사 트렌드에 맞췄습니다. 안전하고 확실한 절세방법을 소개하려고 노력했습니다.

마지막으로 이 책을 쓰는 데 용기와 도움을 주신 많은 분께 감사 인사를 드립니다. 하나은행과 호연회계법인 동료들과 처음 회계법인에서 세금의 길을 걷도록 이끌어주신 법무법인 세종 고연기 파트너님, 집필 과정에서 아낌없는 조언을 해준 호연회계법인 안경섭 세무사님께 깊이 감사드립니다. 존경하는 부모님, 장인·장모님과 소중한 아내와 딸 시하에게도 사랑한다는 말을 전합니다.

김재현 드림

차례

1장 상속증여세 기본상식 갖추기

2장 합법적으로 덜 내는 상속세 절세 노하우

3장 합법적으로 덜 내는 증여세 절세 노하우

4장 비거주자를 활용한 상속증여세 절세 노하우

5장 반드시 챙겨야 할 기타 세금 상식

1장

상속증여세
기본상식
갖추기

상속세
기본상식 갖추기

🎯 상속세 계산구조

▶ 상속세 계산구조 내용

계산구조	내용
본래의 상속재산가액	사망일 현재 남아 있는 상속재산
(+) 간주상속재산가액	보험금, 신탁재산, 퇴직금
(+) 추정상속재산가액	사망일 전 2년 이내 재산처분, 인출 또는 채무부담액
총상속재산가액	
(-) 비과세상속재산가액	금양임야와 묘토, 문화재 등
(-) 과세가액 불산입	공익법인출연재산, 공익신탁재산 등

계산구조	내용
(-) 과세가액 공제액	공과금, 장례비용, 채무
(+) 증여재산 가산액	상속인 10년 또는 상속인 외의 자 5년 이내 사전 증여분
상속세 과세가액	
(-) 인적공제	MAX([기초공제+기타 인적공제액], 일괄공제 5억 원)
(-) 배우자상속공제	최소 5억 원, 최대 30억 원
(-) 가업(영농)상속공제	최고 600억 원(영농상속공제는 30억 원)
(-) 동거주택상속공제	MIN(6억 원, 주택가격×100%)
(-) 금융재산상속공제	순금융자산가액의 20% 상당액, 최대 2억 원
(-) 재해손실공제	신고기한 내에 상속재산이 멸실, 훼손된 경우
(-) 감정평가수수료공제	500만 원 또는 1천만 원 한도
과세표준	
(×) 세율	초과 누진세율: 10~50%
산출세액	
(+) 세대생략 할증세액	30%(미성년자 20억 원 이상 40%)
(-) 신고세액공제(3%)	상속받은 날이 속하는 달의 말일부터 6개월 내 신고 시
(-) 증여세액공제	증여재산 가산액에 대한 증여세액
(-) 단기재상속세액공제	상속받은 날로부터 10년 이내에 재상 속시
(-) 외국납부세액공제	외국에 납부한 상속세액
납부할 상속세액	분납, 연부연납, 물납 가능

1) 상속세 세율

▶ 상속세 세율

과세표준	세율	누진공제액
1억 원 이하	10%	-
1억 원 초과~5억 원 이하	20%	1천만 원
5억 원 초과~10억 원 이하	30%	6천만 원
10억 원 초과~30억 원 이하	40%	1억 6천만 원
30억 원 초과	50%	4억 6천만 원

2) 장례비공제(①+②)

　① 피상속인의 사망일부터 장례일까지 장례에 직접 소요된 금액

　　장례비가 500만 원 미만 시: 500만 원

　　장례비가 500만 원 초과 시: MIN(장례비용 증빙액, 1천만 원)

　② 봉안시설사용금액

　　MIN(봉안시설비용 증빙액, 500만 원)

3) 금양임야와 묘토

상속재산 중 선산이나 조상 묘지에 인접한 농지가 포함되어 있는 경우로서, 다음 요건을 충족하는 금양임야와 묘토인 농지에 대해서는 2억 원 한도로 상속세를 비과세

(1) 상속세 비과세되는 금양임야

: 묘지를 보호하기 위해 벌목을 금지하고 나무를 기르는 임야
  로서, 다음 요건 충족

① 피상속인이 제사를 모시고 있던 선조의 분묘(무덤)에 속해
   있는 임야여야 한다

② 제사를 주재하는 자에게 상속되어야 한다

③ 제사를 주재하는 상속인(공동으로 제사를 주재하는 경우 공동
   상속인 전체)이 상속받은 면적을 기준으로 9,900m²까지만
   비과세

(2) 상속세 비과세되는 묘토인 농지

: 피상속인이 제사를 주재하고 있는 선조의 분묘와 인접한 거
  리에 있는 것으로서, 상속개시일 현재 분묘관리 및 제사의
  비용에 충당되는 재원으로 사용하는 농지

① 피상속인이 제사를 주재하고 있는 선조의 분묘와 인접한
   거리에 있는 것으로서 상속개시일 현재 분묘관리 및 제사
   의 비용에 충당되는 재원으로 사용하는 농지여야 한다

② 제사를 주재하는 자에게 상속되어야 한다

③ 제사를 주재하는 상속인을 기준으로 1,980m²까지만 비
   과세

4) 상속재산의 범위

상속재산은 피상속인의 기본상속재산뿐 아니라 사전증여재산 및 추정상속재산을 가산한 가액입니다.

　기본상속재산은 사망 당시 피상속인이 본래 가지고 있던 상속재산과 상속재산으로 보는 보험금, 신탁재산, 퇴직금 등의 간주상속재산을 합한 금액입니다. 사전증여재산은 사망 전 10년 이내에 상속인에게 증여한 재산과 사망 전 5년 이내에 상속인 외의 자에게 증여한 재산입니다. 추정상속재산은 사망 전 재산을 처분·인출했거나 채무를 부담한 금액이 재산 종류별(범위: 현금·예금·유가증권, 부동산 및 부동산에 관한 권리, 기타 재산, 채무) 1년 이내 2억 원, 2년 내 5억 원 이상인 경우로서 용도가 불분명한 금액입니다.

🎯 상속세 신고와 납부

▶ **상속세 신고·납부**

구분	내용
납세의무자	상속인 각자가 받았거나 받을 총재산에서 승계한 채무를 공제한 순상속재산의 비율에 따라 납세의무가 있음
신고기한	상속개시일(사망일)이 속한 달의 말일로부터 6개월 이내 단, 피상속인 또는 상속인 전원이 비거주자인 경우 상속개시일이 속한 달의 말일로부터 9개월 이내

구분		내용
신고 납세지		피상속인(사망인)의 주소지를 관할하는 세무서 단, 피상속인이 비거주자인 경우 상속재산의 소재지를 관할하는 세무서
신고 제출서류		- 상속세과세표준신고 및 자진납부계산서 등 신고서식 - 사망진단서, 피상속인 및 상속인의 가족관계증명서 - 상속재산분할 협의서 - 장례비, 봉안시설 영수증 - 상속재산 평가액과 채무사실을 입증할 수 있는 서류
납부 방법	분납	납부할 세액이 1천만 원을 초과하는 경우 세액의 일부를 납부기한 경과 후 2개월 이내에 분할해 납부 - 납부할 세액이 2천만 원 이하의 경우 1천만 원을 초과하는 금액 - 납부할 세액이 2천만 원 초과의 경우 납부할 세액의 50% 이하의 금액
	연부 연납	납부할 세액이 2천만 원을 초과하는 경우 납부금액을 납세자가 신청한 기간에 걸쳐 납부 - 각 회분의 분납세액이 1천만 원을 초과해야 함 - 연납한 세액에 대해 이자(연부연납가산금) 부담(24년 2월 현재 2.9%, 24년 3월 3.5% 개정 예정) - 연납할 상속세 본세와 이자 합계액의 120% 상당 담보 제공 * 연부연납 신청 가능 기간 연부연납 허가일로부터 10년 또는 연부연납 허가 후 10년 되는 날로부터 10년[2022년 12월 31일 이전: 연부연납 허가일로부터 10년 또는 연부연납 허가 후 3년이 되는 날로부터 7년(상속재산 중 가업상속재산이 차지하는 비율이 50% 이상인 경우에는 연부연납 허가일로부터 20년 또는 연부연납 허가 후 5년이 되는 날로부터 15년)] 가업승계 증여특례: 연부연납 허가일로부터 15년
	연대 납세 의무	상속인 중 일부가 상속세를 납부하지 못하는 경우 다른 상속인들이 자기가 받은 순상속재산의 범위 내에서 상속세를 연대해 납부
	물납	다음 요건 충족 시 상속받은 부동산이나 유가증권(상장주식 등은 제외)으로 상속세 납부 - 부동산과 유가증권의 가액이 전체 재산가액의 1/2을 초과 - 납부할 세액이 2천만 원을 초과 - 상속세 납부세액이 상속재산가액 중 금융재산의 가액을 초과 * 2023년 1월 1일부터 역사적·학술적·예술적인 가치가 있는 문화재 및 미술품도 세무서 및 문화체육관광부 허가를 통해 물납 허용

상속 준비 절차
기본상식 갖추기

가족 중에 누군가 죽게 되어 정신 없이 장례절차를 마치고 나면 고인에 대한 그리움, 슬픔과 함께 사망신고, 상속재산분할, 세금 신고 등 챙겨야 할 게 많습니다. 상속을 접할 기회가 그리 많지 않다 보니 놓치는 게 있지 않을까 하는 걱정이 앞서는데요.

상속이 개시되면 사망신고, 상속재산 조회, 상속재산의 분할, 명의 이전, 상속세 및 기타 세금 신고·납부 등의 절차가 필요합니다. 상속 준비 절차를 알아보겠습니다.

▶ 상속 기본 절차

사망 당일	사망일로부터 3~5일 이내	사망일로부터 1개월 이내
사망진단서 또는 사체검안서 발급 병원 및 경찰서로부터 발급	장례절차 진행 장례비용, 납골비용 등 영수증 수취	사망신고서 제출 사망인 주소지 관할주민센터 등 상속재산 조회 (안심상속 원스탑 서비스) 가까운 시청이나 구청, 읍·면·동 주민센터

상속개시 후 3개월 이내	상속개시 후 6개월 이내	상속개시 후 12~24개월
상속의 단순승인, 상속포기, 한정승인 여부에 대한 판단 상속포기 또는 한정승인 신고 상속포기와 한정승인은 사망인 주소지 관할 가정법원	상속재산의 분할방법 결정 상속세 신고 및 납부 사망인 거주지 관할 세무서 상속재산의 등기 및 취득세 납부 상속재산 주소지 관할 등기소	상속세 세무조사 상속세는 신고·납부를 하더라도 과세관청의 세무조사를 통해 최종 확정되며, 보통 상속세 신고 후 6개월에서 2년 내에 이뤄짐

🎯 사망신고

1) 신고의무자

사망신고는 기본적으로 사망자의 동거자, 비동거친족 등 사망자와 '가까운' 사람들이 합니다.

　동거자란 사망자의 가족관계등록부상의 가족뿐 아니라 사실상 동거하는 사람을 말하며, 가족이 아니더라도 세대를 같이하는 사람이라면 사망신고를 할 수 있습니다.

2) 신고기간

사망신고는 신고의무자가 사망 사실을 안 날로부터 1개월 이내에 해야 하며, 정당한 사유 없이 기간 내에 신고하지 않을 경우 5만 원 이하의 과태료가 부과됩니다.

3) 신고 장소

사망자의 주소지 관할 주민센터 또는 가까운 주민센터, 구청, 시청에서 할 수 있습니다.

4) 신고 시 제출서류

- 병원에서 발급한 사망진단서나 검안서 1부
- 사망증명서(진단서나 검안서를 첨부할 수 없을 때)
- 사망자 가족관계등록부의 기본증명서 1통
- 신분증명서(사망자가 외국인인 경우 여권 또는 외국인등록증 사본)

🎯 상속재산 조회

과거에는 사망자의 재산을 조회하기 위해 국토교통부, 금융감독원, 금융기관 등 여러 기관을 일일이 방문해 조회해야 했으나, 2015년 6월부터 사망신고 시 상속재산을 일괄로 통합조회할 수 있는 '안심상속 원스톱 서비스'가 시행되었습니다.

1) 통합신청 대상 상속재산

총 여섯 종으로 사망자의 금융재산, 토지 소유, 자동차 소유, 국세 체납·납기 미도래 고지세액·환급세액, 지방세 체납·납기 미도래 고지세액, 국민연금 가입 유무

▶ 안심상속 원스톱 서비스

2) 금융재산 조회의 범위

접수일 기준 피상속인 명의의 모든 금융 채권과 채무. 예금은 잔액(원금), 보험은 가입 여부, 투자상품은 예탁금 잔고 유무

3) 신청 장소

가까운 시청이나 구청, 읍·면·동 주민센터에 방문 신청 또는 사이트 정부24(www.gov.kr)-사망자 등 재산조회 통합처리 신청 (안심상속 원스톱 서비스)

4) 신청 기간

사망신고 이후에도 따로 신청 가능하며, 기간은 사망일이 속한 달의 말일로부터 6개월 이내

5) 신청 자격

상속인의 경우 제1순위 상속인(직계비속, 배우자), 제2순위 상속인(직계존속, 배우자), 제3순위(형제, 자매) / 대습상속인, 실종 선고자의 상속인. 단, 제2순위는 제1순위 상속인이 없는 경우, 제3순위는 제1, 2순위 상속인이 없는 경우에 한함. 후견인의 경우 법원에 의해 선임된 성년후견인 및 권한 있는 한정후견인

6) 신청 시 필요 서류

상속인은 신분증, 가족관계증명서 등 상속 관계 증빙서류가 필요하고 후견인은 신분증, 후견등기사항전부증명서 또는 성년(한정)후견개시심판문 및 확정증명원이 필요

7) 조회결과통지일

토지·지방세·자동차 정보는 7일 이내, 금융·국세·국민연금 정보는 20일 이내

8) 조회결과 확인방법

토지·지방세·자동차 정보는 문자·우편·방문 중에서 선택, 금융거래(금융감독원)·국민연금(국민연금관리공단) 정보는 각 기관의 홈페이지에서 확인하고 국세(국세청)는 홈택스 홈페이지에서 확인하며 문자 통보 선택 가능

🎯 상속재산 분할, 소유권이전등기 및 한정승인·포기

1) 상속재산 분할

상속개시에 의해 상속재산은 먼저 공동상속인의 공유로 됩니다.

상속재산은 유언 또는 유언대용신탁 등의 특별한 경우를 제외하고 각각의 상속분에 따라 상속재산에 대한 상속권을 가지며, 상속지분에 따라 각 상속인이 부담하는 상속세액의 크기가 결정됩니다.

유언에 의해 상속인이 지정되지 않은 경우에는 원칙적으로 상속인은 민법이 규정한 법정상속비율에 따라 상속을 받을 수 있으나, 상속인 간의 협의가 있으면 협의에 따라 상속재산을 분할할 수 있습니다.

(1) 유언에 의한 분할: 유언에 의한 분할은 피상속인이 유언으로 상속재산의 분할방법을 정하거나 제3자에게 위탁해 정하는 경우를 말합니다.

(2) 협의에 의한 분할: 유언에 의한 분할방법의 지정이 없거나 지정이 무효인 경우에는 언제든지 공동상속인 간 협의에 의해 상속재산을 분할할 수 있습니다. 분할의 협의에는 공동상속인 전원이 참가해야 하며, 일부의 상속인만으로 이뤄진 협의분할은 무효입니다.

(3) 조정 또는 심판에 의한 분할: 공동상속인 간에 상속재산 분할의 협의가 성립되지 않을 때는 각 공동상속인이 가정법원에 분할을 청구할 수 있습니다.

(4) 법정상속비율: 민법에 의하면 동순위의 상속인이 수인인 때는 그 상속분을 균등한 것으로 정하고 있습니다. 그러나 피상속인의 배우자에 대해서는 예외를 둬, 배우자가 직계비속 또는 직계존속과 공동으로 상속

하는 때는 직계비속 또는 직계존속 상속분의 5할을 가산하도록 하고 있습니다.

2) 소유권이전등기

상속재산 분할이 이뤄지면 상속인별로 상속받은 재산에 대해 이전절차를 이행합니다. 소유권이전등기는 상속인 또는 법무사 등 대리인이 등기소에 출석해 신청할 수 있으며, 이전등기 시기는 자산별로 다소 차이가 있는 바 다음과 같습니다.

   (1) **부동산**: 부동산의 소유권이전등기 및 취득세 신고·납부기한은 상속의 경우 상속개시일이 속한 달의 말일로부터 6개월입니다. 만약, 기한 내에 취득세를 신고·납부하지 않으면 가산세가 부과되는 불이익을 받습니다.
   (2) **자동차**: 자동차의 경우 소유권 이전등기 및 취득세의 신고·납부기한은 상속개시일이 속하는 달의 말일로부터 6개월입니다.

3) 재산상속의 한정승인·포기

사망자의 상속채무가 상속재산을 초과하는 경우 상속인은 한정승인 또는 포기를 신고할 수 있습니다. 상속의 한정승인 또는 포기신고를 하려면, 상속개시가 있음을 안 날로부터 3개월 이내에 상속재산 목록을 첨부해 피상속인의 주소지 관할 가정법원에 신고해야 합니다.

(1) 한정승인: 상속인이 상속으로 얻은 재산의 한도에서 피상속인의 채무와 유증을 변제하는 상속을 승인하는 것

(2) 상속포기: 상속재산에 속한 모든 권리와 의무의 승계를 포기하는 것

◎ 유류분 반환청구

1) 유류분 제도

유류분이란 사망자의 유언 및 생전 증여에도 불구하고 상속이 개시되면 상속인이 상속재산 중 일정비율에 대해 법적으로 보장받는 최소한의 재산분배 권리를 말합니다. 사망자의 생전 재산 처분의 자유를 어느 정도 보장하면서도 상속인 간의 공평한 재산분배를 위한 법적 장치입니다.

2) 상속순위자의 유류분권

(1) 사망자의 자녀 및 배우자의 유류분권은 '법정 상속분의 2분의 1'

(2) 사망자의 부모 또는 형제자매의 유류분권은 '법정 상속분의 3분의 1'

(3) 4촌 이내의 혈족이 상속인이 되는 경우 유류분권 없음

유류분의 반환 범위=상속개시 상속재산+생전 증여재산*-상속개시 채무

* 상속인에게 한 모든 증여재산 및 상속인 외의 자에게 한 상속개시일로부터 1년 이내의 증여재산

3) 유류분 청구기간

    (1) 상속개시 후 1년이 지나면 유류분 청구 불가능

    (2) 생전 증여가 있었다는 사실을 몰랐거나 상속이 발생한 사실을 몰랐다면, 상속개시 후 1년이 지났더라도 그 사실을 안 날로부터 1년 내에 유류분 청구 가능

    (3) 상속이 발생한 후 10년이 지나면, 상속이나 증여가 발생했다는 사실을 몰랐더라도 유류분 청구권은 소멸

상속세 세무조사 기본상식 갖추기

🎯 상속세 세무조사

1) 상속세 세무조사 기관

피상속인의 거주자 여부에 따라 신고 및 조사 관할 세무서가 결정되며, 관할서 접수 후 상속재산가액 50억 원 이상 신고서는 지방국세청 조사국으로 이송됩니다. 피상속인이 거주자인 경우 피상속인의 거주지 관할 세무서이며, 피상속인이 비거주자인 경우 주된 상속재산의 소재지 관할 세무서입니다. 일반적으로 상속세 신고 후 6개월~2년 이내에 상속세 세무조사가 이뤄지며,

조사기간은 2~3개월 정도입니다.

2) 상속세 조사체계

피상속인 및 상속인의 과거 10년간의 은행, 증권, 보험회사 등 모든 금융기관에 요청 및 수집된 금융거래내역을 분석 검토하고, 각종 과세자료 수집을 통한 누락된 상속재산의 존재 여부를 확인해 상속재산 평가의 적정성을 검토하며, 상속인이 보유하고 있는 재산에 대한 사전증여 여부 및 자금출처를 확인하고, 피상속인의 소득세 등 세무신고의 적정성을 검토합니다. 각 혐의 내용에 대한 조사 종결 전에 소명을 요구해 검토, 세무조사 종결 후 결과를 통지합니다.

3) 최근 상속세 세무조사 트렌드

'안심상속 원스톱 서비스'로 국세청 역시 상속재산에 대한 전산 조회가 가능하며, 상속세 조사는 피상속인의 10년 이내 부동산 매매, 금융거래뿐만 아니라 상속인 간의 거래 등에 대해 광범위하게 이뤄집니다. 최근 국세청의 상속세 조사는 다음의 사항을 중점적으로 검토하는 추세입니다.

(1) 과거 10년간 재산 증감에 대한 증여 추정

상속세 합산과세 대상 기간인 과거 10년간의 피상속인 및 상

속인의 재산 증감 내역을 분석해 증여로 추정할 만한 거래 파악

(2) 상속개시일 전 처분재산 등 상속 추정

인출·재산처분·채무부담액에서 용도 입증된 금액을 빼고 다시 MIN[재산처분액·채무부담액×20%, 2억 원]을 빼 추정상속재산가액을 구함

상속개시일 전 2년 내의 재산의 인출, 처분, 채무 부담한 내역 중 용도불분명 금액(적용 기간 1년 내 2억 원 이상, 2년 내 5억 원 이상인 경우)을 상속으로 추정

상속추정금액이 10억 원 이하이면 상속추정 대상금액의 80% 이상에 대해, 10억 원 초과할 경우 대상금액에서 2억 원을 제외한 나머지 금액에 대해 사용처 증명 필요

(3) 고액상속재산에 대한 사후관리

상속재산이 30억 원 이상이면 상속세 자진신고와 세무조사로 상속세가 확정되었더라도 상속일 이후 5년 이내 상속인들이 보유한 부동산이나 주식 및 차입금 등 주요재산의 증감에 대해 세무조사 진행

상속 후 5년간은 자산취득에 대한 자금출처를 확실히 해야 하며, 재산변동 내역에 대해 소명가능한 증빙 마련 필요

상속세 조사에서는 국세청이 어떤 것들을 확인할까?

———

- 상속개시일 전후 6개월 이내에 거래된 부동산의 매매, 감정가액, 수용, 경매, 유사매매사례가액 등의 거래가액이 시가로 적정하게 산정되었는지 검토
- 부동산의 경우 상속개시일 전 5년간 취득 및 양도 부동산(상속인 및 피상속인)에 대한 검토
- 기타 기준시가 적용의 적정 여부, 감정평가 가액의 적정 여부, 임대용 부동산에 대한 임대료 환산가액 평가의 적정 여부 등 확인
- 비상장주식의 경우 주식 보유 현황, 주식변동상황명세서 등 확인 및 주식평가방법 검토
- 채권의 경우 이자상당액이 상속재산에 적정하게 계산되었는지 검토
- 근로소득 발생처에 퇴직급여 미수령 또는 과소수령 여부 등을 확인
- 채무 등의 공제내역의 경우 공제되는 임대보증금 채무의 적정 여부를 검토하고, 사채 등 가공 채무를 채무공제로 신고했는지 등 점검
- 배우자상속공제 시 명의개서 등이 되었는지 검토

🎯 상속증여세는 어디에서 조사할까?

상속세는 돌아가신 분(피상속인)의 주소지 관할 세무서, 증여세는 증여받은 사람(수증자)의 주소지 관할 세무서에 신고합니다. 이때 일정 기준금액을 초과하는 신고 건은 세무서에서 지방청으로 이관됩니다.

▶ **지방청 송부 대상 금액**

세목	청별	2008.12.15 이전	2008.12.26부터 2011.03.31까지	2011.04.01부터
상속세	서울·중부	30억 원 이상	50억 원 이상	50억 원 이상
	대전·광주· 대구·부산		30억 원 이상	
증여세	전 지방청	증여재산이 주식 등이고, 가액이 30억 원 이상인 경우		

　　지방청 조사가 세무서에 비해 조사기간도 길고, 조사 과정도 더 힘들다고 할 수 있습니다. 이 때문에 납세자도 세무대리인도 가능하면 세무서 조사를 받길 원하고, 지방청 조사가 예정되어 있을 때는 세액 계산 근거서류 작성에 더 주의합니다.

　　그렇다면 지방청으로 이관되는 기준금액은 얼마일까요? 간단하게 상속세는 재산가액 50억 원 이상, 증여세는 30억 원 이상이면 세무서에서 지방청으로 이관된다고 할 수 있습니다.

1) 상속세

상속세 기준금액은 상속세 과세대상이 되는 모든 재산가액을 합산해 판단합니다. 상속개시일 당시 피상속인이 보유한 재산과 보험금, 퇴직금 등 간주상속재산과 10년 내 상속인에게 사전증여한 재산가액 등을 합한 금액입니다. 기준금액이 30억~50억 원인 경우 지방 세무서는 지방청으로 송부할 수 있습니다.

2) 증여세

증여세 기준금액은 증여한 모든 재산가액을 의미하는데 현금, 예적금, 부동산 및 부동산에 관한 권리는 제외합니다. 이런 이유로 재산가액이 50억 원을 넘는다면 사전증여로 상속재산가액을 낮추는 사전계획이 반드시 필요한 것입니다. 단순히 세금만 줄이는 게 아니라 지방청 조사를 받으면 정신적으로도 스트레스를 많이 받을 수 있습니다. 따라서, 세금 계획은 미리미리 하고 실행하는 게 중요합니다.

증여세
기본상식 갖추기

🎯 증여세 계산구조

▶ 증여세 계산구조 내용

계산구조	내용
증여재산가액	
(+) 10년 이내 증여재산	과거 10년 이내 동일인으로부터 증여받은 분
(-) 채무인수액	부담부증여 등 채무인수액
(-) 과세가액 불산입	공익법인출연재산, 공익신탁재산 등
증여세 과세가액	
(-) 증여재산공제	배우자 6억 원, 직계존비속 5천만 원(미성년자 2천만 원), 기타 친족 1천만 원

계산구조	내용
(-) 재해손실공제	신고기한 내에 멸실 또는 훼손된 경우
(-) 감정평가수수료공제	500만 원 또는 1천만 원 한도
증여세 과세표준	
(×) 세율	초과 누진세율: 10~50%
증여세 산출세액	
(+) 세대생략 할증세액	30%(미성년자 20억 원 이상 40%)
(-) 신고세액공제(3%)	증여받은 날이 속하는 달의 말일부터 3개월 내 신고 시
(-) 증여세액공제	10년 이내 증여재산 합산 시 기납부세액
(-) 외국납부세액공제	외국에 납부한 증여세액
납부할 증여세액	분납, 연부연납 가능

🎯 증여세 신고와 납부

▶ 증여세 신고·납부

구분	내용
납세의무자	증여받은 사람, 즉 수증자 수증자가 거주자인 경우 국내·외 모든 재산에 대해 납세의무가 있으며, 수증자가 비거주자인 경우 국내에 소재하는 재산에 대해서만 납세의무
신고기한	증여받은 날이 속한 달의 말일로부터 3개월 이내
신고 납세지	증여받은 사람(수증자)의 주소지를 관할하는 세무서 - 수증자가 비거주자인 경우 또는 증여받은 사람의 주소 및 거소가 불분명한 경우 증여자의 주소지를 관할하는 세무서 - 증여자와 수증자가 모두 비거주자이면 증여재산의 소재지를 관할하는 세무서

구분		내용
신고 제출서류		- 증여세과세표준신고 및 자진납부계산서 - 증여재산 및 평가명세서 - 증여자 및 수증자 가족관계증명서 - 채무사실 등 기타 입증서류 등
납부 방법	분납	납부할 세액이 1천만 원을 초과하는 경우 세액의 일부를 납부기한 경과 후 2개월 이내에 분할해 납부 - 납부할 세액이 2천만 원 이하의 경우 1천만 원을 초과하는 금액 - 납부할 세액이 2천만 원 초과의 경우 납부할 세액의 50% 이하 금액
	연부 연납	납부할 세액이 2천만 원을 초과하는 경우 납부금액을 5년 이내에서 납세자가 신청한 기간에 걸쳐 납부 - 각 회분의 분납세액이 1천만 원을 초과해야 함 - 연납한 세액에 대해 이자(연부연납가산금)을 부담(24년 2월 현재 2.9%, 24년 3월 3.5% 개정 예정) - 연납할 상속세 본세와 이자 합계액의 120% 상당 담보 제공
	연대 납세 의무	증여세는 수증자가 납부하는 게 원칙이나, 다음에 해당하는 경우에는 예외적으로 증여자도 연대납세의무가 있음 - 수증자가 비거주자이거나 주소 또는 거소가 분명하지 않아 조세채권의 확보가 곤란한 경우 - 수증자가 증여세를 납부할 능력이 없다고 인정되어 체납으로 체납 처분을 해도 조세채권의 확보가 곤란한 경우

🎯 무신고한 증여세는 10년 지나면 안전할까?

형법에 공소시효가 있는 것처럼 세금에도 유효기간이 존재할까요? 증여세 신고에서 누락된 재산은 얼만큼의 시간이 흘러야 과세관청의 레이더에서 완전히 벗어날 수 있을까요?

세법에는 '국세부과제척기간'이라는 게 있습니다. 국가가 일정 기간 동안 과세하지 않으면 더 이상 국세를 부과할 수 없도록 규정한 기간입니다.

국세부과제척기간을 두는 취지는 법률관계를 조속히 확정함으로써 납세의무자의 해금 법적 안정성과 예측 가능성을 보장하기 위함인데요. 국세부과제척기간이 없다면 국가가 납세자에게 부과권을 영원히 행사할 수 있으니, 이 때문에 납세자의 법적 불안정성과 사회경제적 비용이 커질 수 있습니다. 더불어, 과세관청이 과세권 실행을 함에 있어 느슨해지지 않도록 하고자 국세부과제척기간을 법으로 정한 것입니다. 형법의 공소시효기간과 유사하며, 일종의 세금 부과 유효기간이라고 이해하면 됩니다.

상속증여세는 다른 세목에 비해 국세부과제척기간을 길게 규정하고 있습니다. 일반적인 경우 10년이고, 납세자가 부정 행위로 포탈하거나 환급·공제받은 경우나 신고를 하지 않은 경우 혹은 신고된 내용이 거짓이거나 누락돼 신고한 경우에는 15년으로 규정하고 있습니다. 즉, 자녀에게 증여하면서 증여세 신고를 하지 않으면 증여세 신고기한 다음 날로부터 15년이 지나면 과세관청에서 알게 되더라도 추징할 수 없습니다.

국세부과제척기간 기산일은 과세표준과 세액을 신고하는 국세의 경우 해당 국세의 과세표준과 세액에 대한 신고기한 또는

▶ 국세부과제척기간

구분	증여세		소득세	기타	사기 기타 부정한 행위
	일반적인 경우	무신고의 경우			
1984. 8. 7. 개정	5년	구분하지 않음	5년	2년	5년
1990. 12. 31. 개정	5년	10년	5년	2년	5년
1993. 12. 31. 개정	10년	구분하지 않음	5년	2년	5년
1994. 12. 22. 개정	10년	15년	7년(무신고) / 5년		10년

신고서 제출기한 다음 날입니다.

2019년부터 거주자 간 국외 자산·용역거래를 포함하는 역외거래에 대한 국세부과제척기간을 연장했습니다. 부정 행위 시 10년에서 15년(국제거래는 동일)으로, 무신고 시 7년에서 10년으로, 과소신고 시 5년에서 7년으로 바뀌었습니다.

주의할 사항으로, 상속증여세 대상으로 일정한 사유에 해당하는 경우 과세관청이 인지한 날로부터 1년 이내에 부과할 수 있습니다. 상속증여세 특례 제척기간으로 차명재산, 국외재산 및 등기·등록 또는 명의개서가 필요하지 않은 유가증권, 서화·골동품 등의 50억 원 이상의 재산에 대한 상속증여의 경우 과세관청이 인지한 날로부터 1년 이내에 상속세나 증여세를 부과할 수 있습니다(국세기본법 제26조의 2 제5항).

일부 고액 재산의 상속 또는 증여에 대해서는 국세부과제척기간에 제한이 없다고 할 수 있을 것입니다. 상속세 또는 증여세에 대한 부과제척기간이 다른 세목에 비해 길거나 무제한으로 부과할 수 있도록 규정한 이유는, 상속증여의 특성상 주로 가족 단위의 거래이므로 객관적인 증거 취득이 어렵고 등기·등록 또는 명의개서가 필요하지 않은 유가증권과 서화·골동품 등의 경우 본인이 신고하기 전에는 과세당국에서 확인하기 어렵기 때문입니다.

한편, 2022년 세법 개정으로 국내가상사업자를 통하지 않고 해외거래소 또는 개인 간 거래(P2P) 등의 방법으로 가상자산을 상속 또는 증여받은 경우에도 과세관청이 이 사실을 안 날로부터 1년 이내에 부과할 수 있도록 했습니다.

재산평가방법
기본상식 갖추기

재산은 원칙적으로 상속개시일의 시가(불특정다수 간에 자유롭게 거래되는 가격)를 기준으로 평가하고 있으며 평가기준일 전후 3개월 또는 6개월 이내의 기간 중에 확인된 매매가, 감정가, 수용가격, 경매가, 공매가 등이 시가로 활용됩니다.

만약, 시가를 산정하기 어려울 경우에는 재산의 종류, 규모, 거래상황 등을 감안해 보충적 평가방법으로 평가하고 있습니다.

시가

시가란 불특정다수 간에 자유롭게 거래가 이뤄지는 경우 통상적으로 성립된다고 인정되는 가액을 말하는데, 해당 재산의 실제 매매가액 이외에도 감정, 수용, 공매, 경매가액도 포함됩니다.

(원칙)

평가기준일 전후 6개월(증여재산의 경우 평가기준일 전 6개월~평가기준일 후 3개월) 이내의 기간 중 매매·감정·수용·경매 또는 공매가 있는 경우 다음 규정에 의해 확인되는 가액은 시가로 인정

→ 시가로 보는 가액이 2 이상인 경우 평가기준일부터 가장 가까운 날에 해당하는 가액

1) 당해 재산에 대한 매매 사실이 있는 경우, 거래가액
2) 당해 재산(주식 제외)에 대해 2 이상의 감정평가법인이 평가한 감정가격이 있는 경우, 감정가격의 평균액
→ 기준시가 10억 원 이하의 부동산의 경우 1 이상의 감정가격 인정
3) 당해 재산에 대해 수용·경매 또는 공매사실이 있는 경우, 보상가액, 경매가격 또는 공매가격(특수관계인의 공매 등은 불인정)
4) 유사매매사례가액: 해당 재산과 면적·위치·용도 및 종목이 동일하거나 유사한 다른 재산에 대한 시가로 인정되는 가액(상속세 또는 증여세를 신고한 경우 평가기준일 전 6개월(증여의 경우 평가기준일 전 6개월~평가기준일 후 3개월) 전부터 신고일까지의 가액)이 있는 경우

---

1) 시가로 인정되지 않는 거래가액(상증세법 시행령 제49조 제1항 제1호)

특수관계인과의 거래 등으로 거래가액이 부당하다고 인정되는

경우 또는 비상장주식의 MIN(액만가액 기준 1% 미만, 3억 원) 미만인 소액거래인 경우 시가 거래로 인정하지 않습니다.

2) 평가심의위원회를 통한 시가 인정

평가기간에 해당하지 않는 기간 중 평가기준일 전 2년 이내의 기간 또는 평가기준일 후 법정결정기한(증여세 신고기한+6개월/상속세 신고기한+9개월)까지의 기간 중 매매 등이 있는 경우, 납세자 또는 국세청의 신청으로 평가심의위원회 심의를 거쳐 가액에 포함시킬 수 있습니다.

🎯 보충적 평가방법

▶ 보충적 평가방법

구분	보충적 평가방법
부동산	기준시가(토지: 개별공시지가, 주택: 개별주택가격 또는 공동주택가격, 오피스텔 및 상업용 건물: 국세청 고시가액, 건물 등: 국세청 고시가액)
부동산을 취득할 수 있는 권리 (입주권, 분양권)	평가기준일까지 불입한 금액+평가기준일 현재 프리미엄
상장주식	평가기준일 전후 각 2개월간의 종가 평균액
비상장주식	상증세법에 따른 비상장주식 평가방법

구분	보충적 평가방법
상장된 국공채 등	MAX(평가기준일 이전 2개월간 평균액, 평가기준일 이전 최근 일의 최종시세가액)
증권투자 신탁수익 분배금	평가기준일 현재 한국증권거래소의 기준가격(평가기준일 기준가격이 없는 경우 평가기준일 이전 가까운 날의 기준가격)
예금, 적금	평가기준일 현재(예입총액+경과기간에 대한 미수 이자-원천징수세액 상당액)
서화·골동품	MAX[①, ②] ① 2 이상의 전문가가 감정한 가액의 평균액 ② 감정평가심의위원회에서 감정한 감정가액
가상자산	평가기준일 전·후 각 1개월 동안에 해당 가상자산 사업자가 공시하는 일평균가액의 평균액
근저당권 설정된 재산	MAX[상증세법상 평가액, 평가기준일 현재 재산이 담보하는 채권액]
임대차계약이 체결된 재산	MAX[상증세법상 평가액, {임대보증금+(연간임대료/12%)}]

1) 비상장주식 보충적 평가방법

> 순자산가치: 순자산가액(자산가액-부채가액)+영업권
> 순손익가치: 최근 3년간 순손익액의 가중평균액[=(1년 전×3+2년 전×2+3년 전×1)/6]
> * 한도: 순자산가치의 80%를 곱한 금액

상증세법에 따른 비상장주식 평가방법으로, 원칙적으로 순자산 가치와 순손익가치를 각각 2와 3의 비율로 가중평균해 산정합니다. 예외로 총자산 중 부동산 비율이 50% 이상인 경우 순자산

가치와 순손익가치를 각각 3과 2의 비율로 가중평균을 냅니다. 다만, 부동산 비율이 80% 이상인 경우 순자산가치로만 평가합니다.

2) 부동산 기준시가 확인방법

▶ 부동산 기준시가 조회방법

구분	기준시가 조회방법
토지	www.realtyprice.kr > 개별공시지가
공동주택(아파트)	www.realtyprice.kr > 공동주택 공시가격
단독주택	www.realtyprice.kr > 개별단독주택 공시가격
오피스텔 및 상업용 건물	국세청 홈택스(www.hometax.go.kr) > 조회/발급 > 기타조회 > 기준시가 조회 > 상업용 건물/오피스텔
일반 건물	국세청 홈택스(www.hometax.go.kr) > 조회/발급 > 기타조회 > 기준시가 조회 > 건물기준시가(양도), 건물기준시가(상속, 증여)

3) 상속증여재산 평가하기

국세청 홈택스는 '상속증여재산 스스로 평가하기' 서비스를 제공하고 있습니다.

> 국세청 홈택스(www.hometax.go.kr) > 조회/발급 > 세금신고납부 > 상속증여재산 평가하기

상속증여재산의 대부분을 차지하는 토지, 주택, 일반 건물, 상장주식별로 재산의 매매가액과 유사재산 매매사례가액, 기준시가 등을 납세자가 조회할 수 있습니다.

평가대상 재산 종류에 따라 세목, 평가기준일, 소재지 등을 입력하면 상속증여재산의 평가정보를 제공하고 재산평가 후 증여세 전자신고 서비스도 가능합니다.

재산 규모에 따른
상속증여세 절세 전략

상속세를 줄이기 위해서는 사전증여가 필수라고 생각하는 이들이 있는가 하면, 사전증여로 내지 않아도 될 상속세를 낸다고 주장하는 이들도 있습니다.

증여 계획 없이 상속으로만 주려는 이, 대부분의 재산을 자녀들에게 미리 증여하려는 이, 사전증여 후 멀어진 가족관계로 증여한 걸 후회하는 이도 있습니다.

상담 과정에서 항상 듣는 질문이 있습니다.

"제 상황에서는 누구에게 얼마를 증여하는 게 좋을까요? 세금은 얼마나 줄일 수 있을까요?"

정답은 없습니다. 다만, 각자 보유한 재산에 따라 증여 또는
상속 계획이 달라져야 한다는 것입니다.

그렇기에 상속세가 과세되는 5억~10억 원 이상의 재산이
있는 분이라면 한 번쯤 세무 전문가를 통해 본인에게 유리한 상
속세 및 증여세 전반에 대해 검토를 받아보는 게 절세의 지름길
입니다.

금액별 상속증여 절세 전략에 대해 살펴보도록 하겠습니다.

＊ 계산의 편의상 신고세액공제 3% 적용 배제

🎯 재산이 5억~10억 원인 경우

상속세율과 증여세율은 동일합니다. 그럼에도 증여에 비해 상속
이 유리하다고 말할 수 있는 이유는 상속공제가 증여재산공제에
비해 최소 10배 이상 크기 때문입니다.

증여는 10년에 5천만 원(미성년자는 10년에 2천만 원)까지만
공제되는 반면, 상속은 일괄공제 5억 원, 배우자가 살아 있다면
배우자상속공제로 최소 5억 원을 추가로 공제할 수 있습니다.

다시 말하면, 부부 중 먼저 죽는 이의 재산에 대해서는 10억

▶ **공제제도의 차이**

증여재산공제	상속공제
배우자 6억 원 직계존비속 5천만 원(미성년자 2천만 원) 기타 친족 1천만 원	일괄공제 5억 원 배우자공제 5억~30억 원 금융재산상속공제 최대 2억 원 동거주택상속공제 최대 6억 원

원까지 상속세가 없고 나중에 죽는 이의 재산에 대해서도 5억 원까지 상속세가 없다는 걸 의미합니다.

따라서 재산이 5억~10억 원 이하인 분들은 증여 방식으로 미리 재산을 넘겨주기보다 상속 시점까지 기다리는 게 유리합니다.

만일 사전증여를 했다면 5천만 원만 공제되고 초과분에 대해서는 증여세를 납부하는데, 미리 납부한 증여세는 상속 시점에 계산한 상속세보다 큰 경우에도 돌려주지 않습니다.

또한 사전증여한 재산은 상속공제의 한도를 차감시키기 때문에 상속공제 금액이 작아져 자칫 내지 않아도 될 상속세를 내야 하는 상황이 발생할 수 있습니다.

10억 원 상당의 토지가 전 재산이었던 부친이 배우자와 상의 끝에 상속세 절세 목적으로 네 형제에게 25%씩 증여하고 4년 후 상속이 개시되었다고 가정해보겠습니다.

사전증여를 하지 않았다면 일괄공제 5억 원과 배우자공제 5억 원을 합산해 총 10억 원의 상속공제가 적용되기 때문에 납부할 상속세가 없었겠지만, 사전증여를 한다면 상속세 과세가액

10억 원에서 사전증여재산(증여재산공제 차감 금액) 8억 원을 뺀 2억 원만 상속공제를 적용받을 수 있기 때문에 불필요한 상속세를 납부하게 될 수 있습니다.

🎯 재산이 15억 원 넘는 경우

재산이 15억 원을 넘는다는 건, 상속공제 10억 원을 적용한 후에도 과세표준이 5억 원을 초과하기 때문에 30%의 상속세율로 과세된다는 걸 의미합니다. 이런 경우 10~20%의 증여세율을 적용받는 구간을 활용한 사전증여를 계획해볼 수 있습니다.

배우자와 성인 자녀 두 명이 있는 재산 20억 원의 가장을 가정해보겠습니다. 사전증여를 하는 경우와 사전증여를 하지 않는 경우, 세 부담이 얼마나 차이 날까요?

1) 사전증여 없이 상속개시한 경우: 상속세 2억 4천만 원

상속세
과세표준: 상속재산 20억 원-상속공제 10억 원=10억 원
상속세: (과세표준 10억 원×상속세율 30%)-6천만 원=2억 4천만 원

2) 10억 원 사전증여를 한 경우: 증여세 3천만 원, 상속세 없음

> **배우자 증여세**
> 과세표준: 증여재산 7억 원-증여공제 6억 원=1억 원
> 증여세: 과세표준 1억 원×증여세율 10%=1천만 원
>
> **자녀 증여세(1인당)**
> 과세표준: 증여재산 1억 5천만 원-증여공제 5천만 원=1억 원
> 증여세: 과세표준 1억 원×증여세율 10%=1천만 원

10%의 증여세율을 적용받는 구간까지 사전증여하고자 하면 배우자에게 7억 원, 자녀 각각 1억 5천만 원씩 증여하면 되고, 배우자와 자녀들은 각각 1천만 원씩 총 3천만 원을 증여세로 납부합니다.

증여 후 10년이 지나면 해당 사전증여재산은 상속세 계산 시 상속재산에 합산하지 않고, 사전증여하지 않은 나머지 재산 10억 원에 대해서는 상속공제 10억 원이 적용되므로 상속세 납부세액은 없습니다.

🎯 재산이 30억~40억 원 넘는 경우

상속공제 적용 후에도 40~50%의 상속세율을 적용받는 분들은

사전증여를 적극적으로 고민해야 합니다. 이분들은 10% 증여세율을 적용받는 구간의 사전증여를 계획할 게 아니라 20~30% 증여세율을 적용받는 구간의 사전증여도 활용해야 합니다.

사전증여의 필요성에 대해 가장 많이 설명 드리는 사례가 있습니다.

상속재산이 40억 원을 넘는다는 건 50%의 상속세율을 적용받는다는 의미입니다. 이 재산 중 5억 원을 떼서 지금 자녀에게 사전증여한다면 8천만 원의 증여세를 부담해야 합니다. 하지만, 5억 원을 상속 시점까지 소유하고 있는 경우 2억 5천만 원의 상속세를 부담해야 합니다. 결과적으로, 사전증여를 하면 1억 7천만 원을 절세하게 되는 것입니다.

자녀가 여러 명이라면 자녀별로, 10년마다 한 번씩 증여함으로써 매번 증여할 때마다 1억 7천만 원씩의 세 부담을 감소시킬 수 있습니다.

증여세나 상속세를 두 번 납부하는 불리함을 피하기 위해 자녀 세대를 생략하고 손자나 손녀에게 일부 증여하는 방법도 고려할 수 있습니다.

다시 한번 예를 들어볼까요?

배우자와 성인 자녀 두 명 그리고 손자녀가 각 자녀별로 두 명씩 있는 재산 40억 원인 가장을 가정해보겠습니다.

1) 사전증여 없이 상속개시한 경우: 상속세 10억 4천만 원

상속세

과세표준: 상속재산 40억 원-상속공제 10억 원=30억 원

상속세: (과세표준 30억 원×상속세율 40%)-1억6천만 원=10억 4천만 원

---

2) 29억 원 사전증여를 한 경우: 증여세 3억 4,800만 원, 상속세 1천만 원

총재산 40억 원 중 배우자에게 11억 원, 자녀 각각 5억 5천만 원씩, 그리고 네 손자녀에게 각각 1억 7,500만 원씩 증여하면, 배우자와 자녀 그리고 손자녀는 총 3억 4,800만 원을 증여세로 부담해 약 7억 원의 세금을 줄일 수 있습니다.

손자녀에 대한 증여는 증여일로부터 5년, 배우자와 자녀에 대한 증여는 증여일로부터 10년이 지나면 상속재산에 합산하지 않습니다. 하여, 사전증여한 재산을 제외한 나머지 재산 11억 원에 대해 상속공제 10억 원을 적용한 뒤 상속세를 계산하면 약 1천만 원 정도가 됩니다.

배우자 증여세
과세표준: 증여재산 11억 원-증여공제 6억 원=5억 원
증여세: 과세표준 5억 원×증여세율 20%-1천만 원=9천만 원

자녀 증여세(1인당)
과세표준: 증여재산 5억 5천만 원-증여공제 5천만 원=5억 원
증여세: 과세표준 5억 원×증여세율 20%-1천만 원=9천만 원

손자녀 증여세(1인당, 성인 가정)
과세표준: 증여재산 1억 7,500만 원-증여공제 5천만 원=1억 2,500만 원
증여세: 과세표준 1억 2,500만 원×증여세율 20%-1천만 원=1,500만 원
세대생략할증: 1,500만 원×30%=450만 원

사례로 살펴본 것처럼 각자 소유한 재산 규모에 따라 사전증여라는 합법적인 절세 전략을 적극적으로 준비해야 한다는 걸 잊지 마시기 바랍니다.

세금 폭탄으로
돌아올 수 있는 기부

평생 모은 재산의 일부를 사회에 환원하고자, 재단을 만들어 출연하거나 모교에 기부하는 자산가들이 많습니다. 상증세법에서는 공익법인에 상속이나 증여의 형태로 재산을 출연하는 경우 과세대상에서 제외해줍니다.

하지만 공익사업 재산 출연을 장려한다고 해서 아무런 사후관리 장치 없이 출연재산을 상속세나 증여세의 과세대상에서 제외한다면 상속세나 증여세를 회피하고자 공익과 선행을 악용할 우려가 생길 수 있습니다.

따라서 공익법인에게 다양한 조세 혜택을 제공하는 한편 공익법인을 통한 조세 회피를 방지하고자 공익법인이 지켜야 할 사항을 규정해 사후관리하고 의무사항을 위반한 경우 해당 공익법인에 증여세 또는 가산세 등을 부과합니다.

🎯 공익법인에게 기부하면 세금은 없다

1) 공익법인 등에 출연한 재산에 대한 상속세 과세가액 불산입 (상증세법 제16조)

피상속인이나 상속인이 공익법인 등에 상속세 과세표준 신고기한 이내에 출연한 상속재산가액은 상속세 과세가액에 산입하지 않습니다. 이때 재산을 출연한다는 건 출연할 재산의 소유권을 공익법인에 이전하는 걸 말합니다. 따라서 재산 출연 의사만 표시하고 이행하지 않으면 인정되지 않고 상속세 과세표준 신고기한까지 공익법인에 재산 소유권이 이전되어야 합니다. 상속세 신고기한 이내에 상속재산을 매각하고 매각대금을 출연한 경우에도 인정합니다.

2) 공익법인 등에 출연한 재산에 대한 증여세 과세가액 불산입 (상증세법 제48조)

공익법인 등이 출연받은 재산의 가액은 증여세 과세가액에 산입하지 않습니다. 공익법인 등에 증여로 출연한 후에 공익법인의 사후관리 위반 사유 발생 시 증여세가 추징되고, 이때 출연자(증여자)와 연대납세의무가 있어 출연한 이에게 증여세가 부과되는 경우도 있습니다.

공익법인이란 무엇일까요? 세법상 공익법인은 법인세법상 비영리법인으로서 상속세법 시행령 제12조 각 호에 열거된 공익사업을 영위하는 법인을 말합니다. 상증세법상 공익법인은 불특정다수의 이익(공익)을 사업목적으로 하는 법인 등을 말합니다.

상증세법 시행령 제12조
1. 종교의 보급 기타 교화에 현저히 기여하는 사업
2. 「초·중등교육법」 및 「고등교육법」에 의한 학교, 「유아교육법」에 따른 유치원을 설립·경영하는 사업
3. 「사회복지사업법」의 규정에 의한 사회복지법인이 운영하는 사업
4. 「의료법」에 따른 의료법인이 운영하는 사업
5. 「법인세법」 제24조 제2항 제1호에 해당하는 기부금을 받는 자가 해당 기부금으로 운영하는 사업(법정기부금 단체)
6. 「법인세법 시행령」 제39조 제1항 제1호 각 목의 규정에 따른 공익법인 등 및 「소득세법 시행령」 제80조 제1항 제5호에 따른 공익단체가 운영하는 고유목적사업(지정기부금 단체)
7. 「법인세법 시행령」 제39조 제1항 제2호 다목에 해당하는 기부금을 받는 자가 해당 기부금으로 운영하는 사업

🎯 공익법인에게 기부할 때 주의해야 할 점

자선단체에 소액을 기부하고 기부금 소득공제를 받아 세금 혜택을 보는 건 문제가 되지 않습니다. 하지만, 평생에 걸쳐 모은 거액의 재산을 기존 공익단체에 출연하거나 새로운 단체를 설립해 부의 사회 환원을 실현하고자 하는 경우에는 반드시 면밀한 검토가 필요합니다.

좋은 뜻으로 공익법인에 기부했다가 세금이 추징되어 이슈가 되었던 실제 사례들을 통해 주의할 내용을 살펴보겠습니다.

1) 법에서 정한 공익법인에 출연해야 상속증여세가 비과세됩니다

사례

백범 김구 선생의 후손인 A 씨는 2006년부터 10여 년간 미국 하버드대, 브라운대 등에 42억 원을 기부했습니다. 항일 투쟁의 역사를 알리는 '김구포럼'과 한국학 강좌 개설, 장학금 지급 등 한국을 알리는 데 써 달라는 뜻이었습니다. 그런데 A 씨가 지난 2016년 별세하고 2년여가 지난 2018년 국세청은 A 씨의 자녀들에게 기부금에 대한 증여세와 상속세 27억 원을 부과했습니다.

상속세 또는 증여세를 비과세 받기 위해서는 법에서 정한 '공익법인 등'에 기부해야 합니다. 법에서 정한 공익법인 등이란 종교, 학술, 사회복지사업, 의료사업, 법이 정한 절차에 따라 기부금을 받을 수 있는 자가 기부금을 받아 운영하는 사업 및 법인세법에 따른 지정 기부금 단체가 운영하는 사업 등을 하는 자로 정의하고 있습니다. 이때 학교 형태의 교육시설, 개인이 운영하는 아동복지시설, 공원묘원이나 납골당 등은 공익법인에 해당하지 않습니다. 또한, 외국에 소재한 비영리법인은 국내법상 공익법인이 아니기 때문에 세제 혜택을 주지 않습니다.

앞서 사례에서 A 씨는 외국에 소재한 학교에 기부했기 때문에 기부금을 출연받은 단체에 증여세가 과세되고, 이때 수증자인 단체가 비거주자이기 때문에 출연자인 A 씨가 연대납세의무를 지게 된 것입니다.

TIP

공익법인으로 보지 않는 사례

- 법인으로 승인받은 단체 중 종중, 동창회, 영업자 단체 등
- 국가기관, 정당, 조합법인
- 영리기업의 사업자 단체(주무관청의 허가 여부에 상관없이)
- 사내근로복지기금
- 인가받지 않은 유치원이 수행하는 사업
- 공원묘원, 납골당

2) 주식은 출연비율에 제한이 있으며, 초과하면 증여세가 과세됩니다

사례

B 씨는 지난 2002년 자신이 창업한 기업의 주식 90% 와 현금 등 총 215억 원을 모교인 대학교에 기부했고, 대학교는 이 기부금으로 장학재단을 설립했습니다. 이후 2008년 국세청은 B 씨의 주식 기부가 현행법상 무상 증여에 해당한다며 재단에 140억 원의 증여세를 부과했습니다.

공익법인에 재산을 출연함에 있어 출연재산의 범위에는 제한이 없습니다. 하지만, 대기업 등이 문화재단 등을 설립해 계열회사를 지배하는 수단으로 이용하는 사례를 방지하고자 내국법인의 의결권 있는 주식을 출연하는 경우에는, 법에서 정하는 출연비율을 넘으면 과세가액 불산입에서 제외하고 공익법인에게 증여세를 과세합니다.

출연비율은 기본적으로 주식발행총수의 10%이고 상호출자제한기업집단과 특수관계에 있는 공익법인 등은 5%이며 출연받은 주식의 의결권을 행사하지 않으면서 자선·장학 또는 사회복지를 목적으로 하는 공익법인은 20% 등으로 규정하고 있습니다.

B 씨는 법에서 정한 출연비율을 초과해 출연했기 때문에 국세청이 초과된 지분에 대해 장학재단에 증여세를 과세했고, 장

학재단은 증여세를 납부할 능력이 없어 출연자인 B 씨에게 연대납세의무 규정을 적용해 증여세를 부과한 것입니다. 다행히도 대법원에서 출연자 B 씨가 공익법인 설립에 실질적인 관여를 하지 않은 것으로 봐 특수관계가 없었음을 인정해 증여세 부과가 취소되었습니다.

3) 출연받은 재산은 3년 내 공익목적사업에 사용해야 합니다

C 전 대통령은 2010년 서울시 상도동 사저와 거제도 땅, 멸치 어장 등 재산 60억 원을 공익법인에 기부했고, 공익법인은 이 기부금에 국고 지원, 민간 모금액을 더해 서울 동작구 상도동 사저 인근에 '대통령 기념 도서관'을 건립했습니다. 그런데 추진 과정에 건립계획이 확대되면서 공사가 지연됐고, 완공 후에도 공사 잔금 등 12억 8천만 원 상당의 부채 문제가 불거지면서 개관이 미뤄졌습니다. 그러자 관할 세무서는 법인에 C 전 대통령이 기부한 60억 원의 절반인 30억 원을 증여세로 부과했습니다.

공익법인이 출연받은 재산에 대해 설립 취지에 맞지 않게 공익사업을 성실하게 수행하지 않거나, 조세 회피 또는 탈루의 수단 등으로 이용되는 걸 방지하고자 출연재산의 사용 및 각종 보고의무 등을 규정해 위반하면 증여세 등을 과세하고 있습니다.

공익법인 재산을 출연받은 날부터 3년 이내에 직접 공익목적사업 등에 전부 사용해야 하고, 3년 이후에도 직접 공익목적사업 등에 계속해서 사용해야 합니다. 출연받은 재산을 다른 용도로 사용하거나 출연받은 날부터 3년 이내에 공익목적으로 사용하지 않으면 증여세가 과세됩니다.

앞서 사례의 경우 도서관 건립 공사가 미뤄지며 C 씨가 재산을 출연한 날로부터 3년 이내에 사용되지 못함에 따라 증여세가 과세된 것입니다.

가장 많이 활용하는
상속증여세 절세 비법

우리나라의 상속과 증여세율은 최소 10%에서 최대 50%로 동일합니다. 그럼에도 불구하고, 상속과 증여의 차이를 잘 활용하면 많게는 수억 원까지 세금을 줄일 수 있습니다.

오래 전부터 많은 자산가들은 이 방법으로 세금을 줄여 자녀 세대에게 부의 이전을 실천했습니다.

상속증여세를 줄이기 위한 절세방법, 어떤 게 있을까요?

🎯 자산가라면 상속 전에 증여하는 게 좋다

우리나라는 상속세의 경우 유산세 방식을 취하고 증여세의 경우 유산취득세 방식을 취하고 있습니다. 유산세란 피상속인 전체 재산에 대해 과세하는 방법이고, 유산취득세란 수증자가 수령하는 각자의 증여재산에 대해 과세하는 방법입니다. 이런 과세방법의 차이로 상속보다 사전증여가 유리한 상황이 발생합니다. 한 사람이 가지고 있는 재산(아파트, 상가, 토지, 현금 등)을 모두 합한 재산 전체를 기준으로 세금을 내는 것보다 자녀와 배우자 등에게 재산을 분배하면 세율을 낮출 수 있기 때문입니다.

> 60억 원 자산가인 80세의 D 씨. 현재 재산으로 상속세를 계산해보니 약 22억 원 정도의 상속세를 내야 합니다. 세 명의 자녀에게 10년 전에 증여했다면 세금이 얼마나 줄어들었을까요?

1) 60억 원 상속세: 약 22억 원

구분	계산 내역
총상속재산가액	60억 원
공과금, 장례비, 채무	-
상속세 과세가액	60억 원
일괄공제	5억 원
배우자상속공제	-

구분	계산 내역
금융재산상속공제	-
동거주택상속공제	-
과세표준	55억 원
산출세액	22억 9천만 원
신고세액공제	6,870만 원
상속세	22억 2,130만 원

* 장례비공제, 배우자공제, 금융재산상속공제 등은 없다고 가정

2) 자녀 세 명에게 증여 후 30억 원 상속세: 약 14억 6천만 원

(1) 증여세: 약 6억 5천만 원(자녀 3인 합계)

구분	계산 내역
증여재산가액	10억 원
채무인수액	-
증여세과세가액	10억 원
증여재산공제	5천만 원
과세표준	9억 5천만 원
산출세액	2억 2,500만 원
세대생략할증	-
합계	2억 2,500만 원
신고세액공제	675만 원
증여세	2억 1,825만 원

(2) 30억 원에 대한 상속세: 약 8억 1천만 원

구분	계산 내역
총상속재산가액	30억 원
공과금, 장례비, 채무	-
상속세 과세가액	30억 원
일괄공제	5억 원
배우자상속공제	-
금융재산상속공제	-
동거주택상속공제	-
과세표준	25억 원
산출세액	8억 4천만 원
신고세액공제	2,520만 원
상속세	8억 1,480만 원

사전증여 없이 상속이 개시된다면 30억 원이 넘는 재산에 대해 50%의 상속세를 내야 하지만, 상속개시 10년 이전에 자녀들에게 10억 원씩 증여했다면 30%의 증여세인 2억 2천만 원 정도만 각각의 자녀가 부담하면 됩니다.

상속재산이 줄어 실제 상속이 개시되더라도, 사전증여를 하지 않았을 때와 비교해보면 약 7억 4천만 원의 세금이 절세되는 걸 알 수 있습니다. 다만, 사전증여를 한다고 무조건 절세가 되진 않습니다. 세 부담 차이를 활용해 상속세를 회피하는 걸 막고자 상속 이전 10년 내에 자녀나 배우자에게 증여한 재산을 모두 상속재산에 합산하도록 규정하고 있기 때문입니다.

따라서 너무 고령이거나 건강이 좋지 않은 상황에서 증여 후 바로 상속이 일어난다면 절세효과를 기대할 수 없습니다.

🎯 빠르면 빠를수록 좋다

증여세도 상속세와 마찬가지로 증여일로부터 10년 이전에 증여한 재산이 있다면, 기증여재산을 합산해 증여세를 계산합니다.

10%의 세율구간을 활용해 매년 1억 원씩 증여한다고 해서 매년 증여세 1천만 원을 내고 끝나는 게 아니라, 작년에 1억 원 그리고 올해 1억 원 증여했다면 합산해 총 2억 원에 20% 세율을 적용해 계산한 금액에 작년에 낸 증여세만큼을 공제해주는 구조입니다. 따라서 10년 단위로 증여 계획을 세워야 절세가 가능합니다.

80세에 30억 원을 한 번 증여하는 경우와 60세부터 10년 단위로 10억 원씩 증여한 경우, 세 부담 차이가 어느 정도일까요?

▶ 1회 증여와 10년 단위로 3회 증여

구분	1회 증여	10년 단위로 3회 증여		
	80세에 30억 원	60세에 10억 원	70세에 10억 원	80세에 10억 원
증여세	1) 9억 9천만 원	2) 2억 1,800만 원	2억 1,800만 원	2억 1,800만 원
세 부담		6억 5천만 원		
절세효과		3억 4천만 원 절세		

1) [(30억 원-5천만 원)×40%-1억 6천만 원]×0.97=9억 8,900만 원
2) [(10억 원-5천만 원)×30%-6천만 원]×0.97=2억 1,800만 원

🎯 분산할수록 세금은 줄어든다

증여세는 재산을 받는 자, 즉 수증자를 기준으로 세금을 계산하는 구조입니다. 따라서 같은 재산을 증여하더라도 증여받는 사람의 수를 늘리면 세율이 낮아질 수 있는 구조입니다. 또한, 증여가 발생하면 인별로 직계존비속(성인) 5천만 원, 미성년자 2천만 원, 배우자 6억 원, 기타친족 1천만 원의 증여재산공제를 적용받을 수 있습니다.

예를 들어 결혼한 아들에게 12억 원의 재산을 증여하고 싶다면, 아들뿐만 아니라 며느리와 손자까지 포함하는 게 좋습니다. 아들이 단독으로 12억 원을 받으면 40%의 증여세를 납부해야 하지만, 세 명으로 분산하면 20%의 증여세율이 적용되어 세율

을 낮추는 효과가 있을 뿐만 아니라 인별로 적용되는 증여재산 공제도 여러 번 활용할 수 있습니다.

아들에게 12억 원을 줄 경우와 아들 며느리 손자에게 각각 4억 원씩 줄 경우, 세 부담 차이는 어느 정도일까요?

▶ 단독증여와 분산증여

구분	단독증여 (아들)	분산증여			
		아들	며느리	손자	계
증여재산	12억 원	4억 원	4억 원	4억 원	12억 원
(-) 증여재산 공제	5천만 원	5천만 원	1천만 원	2천만 원	
(=) 과세표준	11억 5천만 원	3억 5천만 원	3억 9천만 원	3억 8천만 원	
(x)세율	40%	20%	20%	20%	
(=) 산출세액	3억 원	6천만 원	6,800만 원	6,600만 원	
(+) 세대생략 할증	-	-	-	1,980만 원	
(-) 신고세액 공제	900만 원	180만 원	204만 원	257만 4천 원	
(=) 납부세액	2억 9,100만 원	5,820만 원	6,596만 원	8,322만 6천 원	2억 738만 6천 원
차액					8,361만 4천 원

🎯 가치가 상승할 것으로 예상되는 자산

증여에 대해 가장 많이 묻는 질문 중 하나가 '어떤 자산을 증여하는 것이 좋을까요'입니다. 이럴 경우 가치가 상승할 것으로 예상되는 자산을 증여해야 합니다. 현재 가치가 똑같더라도 앞으로 가치가 높아지면 추후 증여 시 높은 가치로 증여하기 때문에 증여세를 많이 부담해야 합니다. 또한 자녀에게 증여한 후 10년 내에 다시 상속이 발생하면 증여재산을 합산해 상속세를 계산해야 합니다. 이때 상속세에 합산하는 금액은 상속개시 시점의 증여재산가액이 아니라 사전증여한 시점의 저평가된 재산가액이 되기 때문에, 추후 상속이 발생했을 때 가치가 높아졌더라도 가치가 낮을 때 증여한 가액만 과세됩니다. 따라서 앞으로 가치가 상승할 것으로 예상되는 자산이라면 현재 증여세가 부담되더라도 적극적으로 증여를 고려해야 합니다.

▶ 사전증여와 추후증여

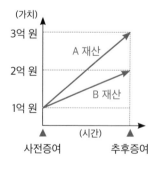

구분		A 재산	B 재산
추후 증여	증여가액	3억 원	2억 원
	증여세	3,880만 원	1,940만 원
사전 증여	증여가액	1억 원	1억 원
	증여세	485만 원	485만 원
절세효과		3,395만 원	1,455만 원

🎯 전세보증금(대출)과 함께 증여하는 게 좋다

증여는 무상으로 재산을 이전받는 걸 의미합니다. 우리나라 증여세는 수증자, 즉 받는 사람에게 납부의무가 있습니다. 현금증여의 경우 받은 현금으로 증여세를 내면 문제없지만, 부동산의 경우 소득이 없거나 적으면 증여세를 낼 재원이 부족하기 때문에 좋은 부동산을 증여하기 어렵습니다. 이럴 때 활용할 수 있는 게 '부담부증여'입니다. 부동산을 증여받는 사람이 재산뿐만 아니라 전세보증금이나 대출금을 같이 인수받는 것입니다.

증여받는 사람이 빚도 떠안게 되는 형태인데, 수증자는 자산에서 채무 부분을 제외한 부분에 대한 증여세만 납부하면 됩니다. 또한 증여자(부모)는 기본적으로 재산이 있기 때문에 양도소득세 납부 부담이 자녀 세대보다 적을 뿐만 아니라 단순 증여 시 납부하는 증여세 총액보다 양도소득세와 증여세를 합한 금액이 더 적어지는 경우도 있습니다. 다만, 다주택자 중과세율을 적용받는 주택이라면 양도소득세 중과세율 적용으로 더 많은 세금을 납부할 수 있으니 세무 전문가를 통해 시뮬레이션을 해보는 게 좋습니다.

증여 대상 부동산의 평가금액: 8억 원

취득가액(취득세 등 부대비용 포함): 2억 원

보유기간: 15년

대출금액: 4억 원

▶ 순수증여와 부담부증여 계산

구분	순수증여	부담부증여		
		증여세	양도소득세	
증여재산가액	8억 원	8억 원	양도가액	4억 원
채무액	0원	4억 원	취득가액	1억 원
증여재산공제	5천만 원	5천만 원	공제 등*	9,250만 원
과세표준	7억 5천만 원	3억 5천만 원	과세표준	2억 750만 원
산출세액	1억 6,500만 원	6천만 원	양도소득세	5,891만 원
납부세액	1억 6,005만 원	5,820만 원	총납부세액	6,480만 1천 원

* 장기보유특별공제: 30%, 양도소득기본공제: 250만 원

▶ 증여세 절세 전략

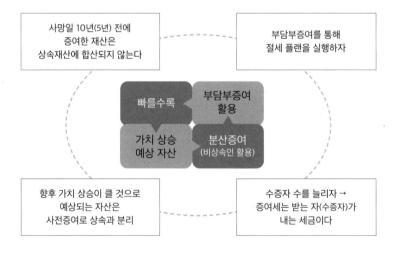

유류분 청구권리, 소외된 자식의 반란

법이 정한 엄격한 요건을 충족해 증여나 상속을 준비했더라도 내가 모은 재산을 내 뜻대로 주는 것에 한계가 있는데, 바로 민법상 '유류분 제도' 때문입니다.

유류분은 고인의 생전증여 또는 유언에도 불구하고 상속개시 후 상속인이 상속재산 중 일정 비율에 대해 법적으로 보장받을 수 있는 최소한의 권리를 의미합니다.

특정 자녀에게 과도한 증여나 상속을 한다면, 자녀 간의 상속 분쟁 원인이 될 수 있습니다.

유류분 청구권에 대해 알아보겠습니다.

🎯 자녀가 주장할 수 있는 유류분은 얼마일까

사례 ✓Q ──────────────────────────────

배우자와 사별하고 자녀 A, B, C를 둔 E 씨는 이제 나이
가 들어 자녀들에게 재산을 배분할 계획을 세우고 있습니다. 아직 결혼하지
못하고 직장도 변변치 않은 막내 C가 마음에 걸려 총 재산 24억 원 중 20억
원을 C에게 상속하고, 나머지 4억 원을 A와 B에게 주는 것으로 유언장을 작
성했습니다. E 씨가 사망한 후 자녀 A와 B는 C에게 유류분 청구권리를 주장
할 수 있을까요?

민법상 상속인이라면 유류분 청구권리가 있으며, 유류분 청
구권은 민법상 법정상속비율을 기준으로 1/2 또는 1/3입니다.
민법상 법정상속비율은, 피상속인의 배우자와 자녀가 있다면 배
우자는 1.5이고 자녀는 인당 1씩이며 자녀 없이 부모가 생존해
있다면 배우자는 1.5이고 부모는 인당 1씩입니다. 배우자와 자
녀, 부모가 모두 없는 경우에는 다음 상속 순위자가 형제·자매
입니다. 유류분 청구권은 법정상속비율의 1/2(배우자, 자녀) 또는
1/3(부모, 형제·자매)입니다.

앞서 사례의 E 씨 자녀 A와 B의 유류분 금액 계산은 다음과
같습니다.

▶ E 씨 사례 유류분 금액 계산

구분	기초재산	법정상속 비율	유류분 비율	유류분 가액	유류분 청구 가능 금액
자녀 A	24억 원	1/3	1/2	4억 원	2억 원 (유류분 4억 원-실제상속분 2억 원)
자녀 B	24억 원	1/3	1/2	4억 원	2억 원 (유류분 4억 원-실제상속분 2억 원)
자녀 C	24억 원	1/3	1/2	4억 원	

🎯 유류분은 과거 증여한 재산도 합산해 판단한다

흔히 오해하기 쉬운 내용 중 하나가 유류분 대상이 되는 재산가액입니다.

세 명의 자녀를 둔 아버지가 생전에 장남에게 준 아파트가 10억 원이고 사망 당시 남긴 재산이 9억 원이라면, 사망 당시 남아 있는 재산 9억 원이 유류분 기준금액이라고 생각하기 쉽습니다. 하지만 부친이 생전에 장남에게 아파트를 주지 않았다면 이 재산 또한 상속재산이 됩니다.

따라서 유류분을 판단할 때는 세법과 달리 기한에 상관없이 생전에 피상속인이 증여한 모든 재산을 상속재산에 합해 계산하고 있습니다.

다만, 우리나라에 유류분 제도가 도입된 건 1979년입니다.

1979년 이전에 한 증여는 유류분 계산 시 반영하지 않습니다. 이와 별개로, 상속인이 아닌 사위, 며느리, 손자, 공익법인 등에 증여한 재산은 상속개시 전 1년 이내의 증여만 포함합니다. 단, 유류분을 침해할 걸 알면서 증여한 게 입증되면 기간 제한 없이 반환청구대상이 됩니다.

TIP

공동상속인이 증여받은 재산

상속세 조사와 달리 10년 기간 제한 없음
단, 유류분 제도가 도입된 1979년 이후의 모든 증여

제3자(손자, 며느리, 복지재단 등)가 증여받은 재산

상속개시 전 1년간 행해진 증여에 한해 청구 가능
다만, 증여자와 수증자 쌍방이 증여 당시 유류분 침해 사실을 알았다는 점을 입증하면 기간 제한 없이 반환청구 가능

한편, 유류분 산정 시 증여재산은 상속이 개시될 당시의 시가로 계산합니다. 증여한 재산이 부동산이라면 상속이 발생한 당시의 시가로 계산해야 하고, 증여재산이 현금이라면 증여 이후의 물가상승률을 반영한 시가를 산정해 계산해야 합니다.

예를 들어, 1980년에 부동산 증여 후 2022년에 상속을 개시했다면 상속개시 당시의 시가로 계산하고 1980년에 현금 증여

후 2022년에 상속을 개시했다면 증여 이후의 물가상승률을 반영해 시가를 산정합니다.

🎯 증여받은 부동산을 팔았다면?

상속세를 계산할 때 10년 내 상속인에게 증여한 사실이 있으면 상속개시 당시가 아닌 증여 당시의 재산가액을 기준으로 상속재산에 합산하지만, 유류분은 다릅니다.

유류분 산정 시 증여재산은 상속이 개시될 당시의 시가로 환산해 계산합니다. 상속인이 과거에 증여받은 부동산을 팔았다면 유류분 반환청구대상에서 벗어나는 게 아니라 재산을 계속 보유하고 있다는 가정하에 상속개시 당시의 시가로 환산해 계산해야 합니다.

유류분에 해당하는 재산의 경우, 물건을 돌려주는 게 원칙입니다. 그럼에도 불구하고, 해당 재산을 처분해 반환하는 게 불가능할 경우 현금으로 반환합니다.

🎯 유류분 청구권리는 언제 행사할 수 있을까

상속인 중 일부가 유류분 비율에 미달하게 받았다면, 나머지 상속인을 상대로 유류분 청구소송을 통해 반환청구권을 행사할 수 있습니다. 일반적으로 상속개시 후 1년 이내에 청구가 가능하고, 특수한 경우로 증여가 있었다는 사실을 몰랐거나 상속이 발생한 사실을 몰랐다면 상속개시 후 1년이 지났더라도 사실을 인지한 날로부터 1년 내에 유류분 청구가 가능합니다. 하지만 상속개시 후 10년이 경과하면, 증여나 상속 발생 사실을 몰랐더라도 청구가 불가능합니다.

자녀 A와 B는 유류분 반환을 E 씨의 상속개시 후 1년 이내에 청구해야 하고, 만약 증여 또는 상속이 발생한 사실을 몰랐다면 상속개시 후 1년이 지났더라도 사실을 인지한 날로부터 1년 내에 유류분 청구가 가능합니다.

🎯 생전에 상속포기각서를 작성하는 건 어떨까

상담을 진행하면서, 상속분쟁을 고려해 미리 계획을 세워두는 걸 추천드리면 생전에 상속포기각서를 받아두는 건 어떨지 문의하시는 분들이 있습니다. 이미 증여한 재산이 상당한 경우, 남은 상속재산에 대해 권리를 포기한다는 내용의 각서나 유언에서 제외하는 대신 일정액을 미리 지급하고 유류분에 대한 권리를 포기한다는 내용의 각서를 받아두면 어떠냐는 것입니다.

　그러나 상속권과 유류분은 모두 피상속인의 사망 이후에 발생하는 권리이고, 피상속인의 사망 전에 발생하지 않은 권리를 포기하는 건 불가능하기 때문에 인정하지 않습니다. 상속포기 또는 유류분포기각서는 피상속인이 사망한 후 작성한 경우에만 효력을 인정하고 있습니다.

행복한 미래설계를 위한 신탁 활용법

고령화가 심화되며 배우자를 먼저 떠나보내거나, 비혼을 외치며 홀로 살거나, 이혼 후 재혼하거나, 입양으로 다양한 국적을 가지는 등 가족관계가 다양해지고 있습니다. 다양해진 가족관계만큼이나 재산 상속 갈등도 심화되어, 그에 대한 대비의 필요성도 높아지고 있습니다.

특히, 부부 중 한 명이 먼저 세상을 떠난 후 혼자 남은 배우자가 치매에 걸리더라도 문제없이 살아갈 수 있는 안전장치, 유가족들끼리 재산 분배를 두고 다투는 일을 방지하기 위한 안전장치는 꼭 필요합니다. 또한 내 재산이 사회적으로 의미 있게 쓰이고 그 뜻을 가족들이 함께하길 기대하는 분들도 늘고 있습니다. 그들의 바람대로, 자산관리를 효율적으로 할 수 있는 방법은 없을까요?

🎯 유언장보다 신탁이 좋은 이유

신탁은 믿고 맡긴다는 뜻입니다. 금전, 부동산, 주식 등 내가 가진 재산을 믿을 만한 사람이나 금융기관에 맡긴 후, 생전에는 내가 원하는 대로 재산을 관리·운용하고 사후에는 원하는 사람이나 기관에 상속합니다.

　신탁에 의한 상속재산관리는 2012년 개정된 신탁법 제59조 유언대용신탁과 제60조 수익자연속신탁이 도입되면서 시작되었습니다.

　유언장의 공증은 상속인이 아닌 증인 두 명이 필요합니다. 이 과정에서 보증인에게 개인 재산 내역이 밝혀지는 건 유언장 작성 시 가장 껄끄러운 부분 중 하나입니다. 유언 내용을 변경하고 싶다면 똑같은 과정을 반복해야 합니다.

　반면 신탁계약은 공증 절차가 필요 없고 수탁자인 금융기관과의 신탁계약으로 바로 유언장의 효력을 발휘합니다. 예를 들

▶ 유언장과 유언대용신탁

구분	유언장	유언대용신탁
형식	보증인 2인 등 심리적 부담감 有	금융기관과의 계약으로 부담감 낮음
방식	자필증서, 녹음, 공정증서, 비밀증서, 구수증서 각 방식마다 엄격한 요건 미충족 시 무효	- 특별한 방식 없음 - 의사 합치만으로 유효
수증자 지정	- 한 세대 수증자 지정 가능 - 수증자 先사망 시 상속문제 해결 불가	- 여러 세대 걸친 수증자 지정 가능 - 수증자 先사망에 따른 문제 해결
유언 집행	- 집행 시 유언장의 효력, 유언집행자 문제 등 분쟁 발생 가능성 높음 - 금전 집행은 유언장이 있어도 상속인의 전원 동의가 필요	- 집행 시 신탁계약서에 따라 신속히 집행 가능 - 금전도 상속인 동의 없이 즉시 집행 가능
내용 변경	신규 유언장 작성	변경 계약
효력 발생	신분상 내용+재산상	재산상 내용에 한함

어, 평소 운용하던 예금을 신탁하면서 자녀를 사후수익자로 지정하면 그 자체가 유언장이 된다는 의미입니다. 또 신탁은 내 돈이 나의 노후를 위해 쓰이다가 남는 경우 상속하라는 재산관리 기능이 있어, 노후보장뿐 아니라 미성년 자녀 또는 손자녀가 일정한 나이가 될 때까지 안전한 재산관리도 할 수 있어 재무적 후견 역할도 수행합니다.

신탁을 활용하면 수익자 연속신탁이 가능합니다. 예를 들어, 유언장의 경우 '본인 사후에 아들에게 재산을 상속하며 아들이 사망할 경우 손주에게 상속한다'는 취지의 연속 유증은 불가능합니다. 하지만 신탁은 아들을 제1수익권자로 지정하고 손주를 제2수익권자로 지정하여, 제1수익권자가 사망한 경우 자동으로 제2수익권자인 손주에게 자산이 이전되는 게 가능합니다.

신탁의 가장 중요한 역할 중 하나는 바로 집행입니다. 직접 신탁계약에 정해놓은 대로 금융기관이 상속집행자 역할을 하기 때문에, 상속인들과 협의하는 과정에서 발생하는 갈등을 최소화할 수 있습니다.

2020년에 신탁된 재산은 유류분 대상에서 제외된다는 판결이 나왔습니다. 비록 대법원 판례는 아니지만 신탁된 재산은 1년 경과 후 유류분 기초 대상에서 제외될 수 있다는 하급심 판결로, 자신의 재산을 원하는 대로 상속할 수 있다는 점에서 큰 의미가 있습니다.

> 수원고등법원, 2020.10.05. 선고 2020나11380 판결 일부
> 유류분은 △상속이 시작될 때 고인이 갖고 있던 재산(적극재산) △시기에 상관없이 생전에 상속인(배우자나 자녀 등)에게 증여된 재산(증여재산) △사망하기 1년 이내에 제3자에게 증여된 재산(증여재산)을 기반으로 계산한다. 단 제3자가 재산을 받음으로써 특정 상속인에게 손해가 갈 수 있다는 사실을 미리 알았다면 이 역시 시기와 상관없이 유류분 산정 대상에 포함된다. 따라서 고인이 사망하기 1년 이전에 제3자에 해당하는 은행에 재산을 맡기고 그 은행이 다른 상속인에게 피해를 주겠다는 식의 악의가 없다면 유류분 적용을 피할 수 있다.

🎯 어떤 경우 신탁을 활용하면 좋을까?

신탁의 가장 큰 장점은 계약의 유연성에 있습니다. 신탁하는 사람이 원하는 방식으로 다양하게 적용할 수 있습니다. 최근에는 사망 후 긴급하게 처리해야 할 비용, 즉 장례비, 세금, 또는 채무 등을 대비한 별도 자금도 신탁으로 처리할 정도로 신탁 활용이 넓어지고 있습니다. 신탁제도를 활용하는 대표적인 상황을 정리하면 다음과 같습니다.

1) 내 마음대로 상속방법을 설계하는 '유언대용신탁'

살아 있는 동안에는 내가 재산을 관리·운용하고 사후에는 배우자, 자녀 또는 제3자 등을 사후수익자로 지정해 신탁재산이 이전되는 '유언대용신탁'으로 재산 지급 대상, 시기, 방법 등을 맞춤형으로 설계할 수 있습니다. 가족 중 일부를 상속인에서 제외하거나 가족이 아닌 제3자를 사후수익자로 지정하는 등 내가 원하는 대로 계약에 반영할 수 있습니다.

2) 내 노년을 지키며 상속을 준비하는 '치매안심신탁'

100세 시대로 접어들며 따라오는 고령 리스크를 신탁으로 방지할 수 있습니다. 평소에는 안전한 금융상품으로 신탁에 맡겨 운용하다가 치매나 노인성 질환으로 케어가 필요한 경우 병원비,

요양비, 간병비 등을 신탁회사가 지급하게끔 설계할 수 있습니다. 부양을 받아야만 하는 상황에 대비해 내 재산을 안전하게 지킬 수 있는 대비책으로 활용할 수 있습니다.

3) 장애인 자녀를 둔 부모의 마음 '장애인신탁'

장애가 있는 자녀를 두고 부모가 먼저 세상을 떠나야 한다면 그 걱정은 끝도 없을 것입니다. 사후에 남은 상속인들이 장애를 가진 상속인을 재산 분배에서 배제시키는 경우도 종종 발생합니다. 독립적으로 생계가 어려워질 자녀를 위해, 재산을 미리 증여해 앞날을 대비하고 안전하게 지키기 위해 신탁할 수 있습니다. 또한, 증여한 재산을 장애인신탁으로 설정하면 5억 원까지 증여세가 면제되는 효과도 있습니다.

4) 어린 자녀를 위한 안전장치 '미성년자신탁'

사별이나 이혼 등으로 아이를 홀로 양육하는 보호자는, 아이가 성년이 되기 전에 본인이 사망하는 경우를 걱정합니다. 혹여 보호자가 사망한 후 원치 않는 사람이 친권자가 되어 재산을 처분하거나 담보로 대출을 받는 상황이 생길까봐 염려하기도 합니다. 갑작스러운 사고와 질병 등으로 어려운 상황에 처할 수 있는 미성년 자녀를 위해, 자녀가 성년이 될 때까지 재산을 관리해주고 온전히 승계받을 수 있게 합니다.

5) 부동산관리의 종합 조력자 '부동산관리처분신탁'

자녀가 모두 해외에 거주하고 있다면, 내가 가지고 있는 부동산 등을 상속하고 싶어도 적절한 관리와 처분 절차가 고민이 될 수 있습니다. 이런 경우, 신탁을 통해 관리하다가 사후 처분해 해외에 있는 자녀들에게 분배하는 것도 가능합니다.

6) 유산기부로 내 삶의 흔적 남기기 '기부신탁'

호랑이는 가죽을 남기고 사람은 이름을 남긴다고 하죠? 인생을 아름답게 마무리하고 삶의 흔적을 남기는 방법으로 유산기부를 통해 노블레스 오블리주(Noblesse oblige)를 실천하려는 분들이 늘어나고 있습니다. 이런 경우, 기부신탁으로 공익단체, 학교, 병원 등 법인이나 단체를 사후수익자로 지정해 위탁자 사망 시 해당 공익법인에 기부하며 고인의 뜻을 받들 수 있습니다.

2장

합법적으로
덜 내는
상속세
절세 노하우

세금 없이 얼마까지 상속받을 수 있을까?

우리나라의 상속증여세율은 최소 10%에서 최대 50%에 이릅니다. 따라서 30억 원이 넘는 재산에 대해서는, 상속이든 증여든 절반을 세금으로 낼 수밖에 없는 구조입니다.

상속은 피상속인, 즉 돌아가신 분이 상속개시 당시 보유하고 있던 모든 재산(부동산, 현금, 주식, 자동차 등)가액을 합해 세금을 부과하는 반면, 증여는 수증자, 즉 재산을 물려받은 사람이 받은 재산가액을 기준으로 세율을 적용합니다.

하여, 상속증여세율이 동일해도 세 부담에서 차이가 발생하게 되는 것입니다.

▶ 우리나라 상속증여세율

과세표준	세율	누진공제액
1억 원 이하	10%	-
1억 원 초과~5억 원 이하	20%	1천만 원
5억 원 초과~10억 원 이하	30%	6천만 원
10억 원 초과~30억 원 이하	40%	1억 6천만 원
30억 원 초과	50%	4억 6천만 원

상속은 피상속인의 모든 재산에 세금을 부과하는 대신, 증여보다는 공제해주는 금액이 큽니다. 이를 상속공제라고 하는데, 가장 큰 축이 일괄공제와 배우자공제라고 할 수 있습니다.

일괄공제는 기초공제와 기타 인적공제를 먼저 합계한 후 해당 금액이 일괄공제액에 미달하면 일괄공제를 선택하도록 되어 있습니다. MAX[(기초공제+인적공제), 일괄공제]

지금부터 하나씩 살펴보도록 하겠습니다.

▶ 상속세와 증여세 공제액 비교

상속세	증여세
일괄공제: 5억 원 배우자공제: 5억~30억 원 금융재산공제: 최대 2억 원 동거주택공제: 최대 5억 원	배우자: 6억 원 직계존비속: 5천만 원 (미성년자: 2천만 원) 기타친족: 1천만 원

아내와 일찍 사별한 A 씨(70세)는 자녀 둘을 서울의 명 문대까지 보냈습니다. 평소 건강을 잘 관리해 상속증여에 크게 관심이 없었 는데, 갑작스러운 심근경색으로 사망했습니다. 30억 원짜리 아파트 한 채와 2억 원여의 금융자산을 상속재산으로 물려줬습니다. 상속인이 된 자녀들은 상속재산이 30억 원을 넘으면 세금이 절반이라고 알고 있는데, 실제 납부해 야 할 세금이 얼마나 되는지 궁금해 상담을 요청했습니다.

🎯 기초공제

거주자나 비거주자의 사망으로 상속이 개시되면 상속세 과세가 액에서 2억 원을 공제해줍니다. 이를 기초공제라고 하는데, 상속 이 개시되고 상속인이 존재하는 경우라면 최소 2억 원의 기초공 제를 받을 수 있습니다.

만일 상속인이 없다면 어떻게 될까요? 안타깝게도, 상속재산 은 국가에 귀속됩니다.

🎯 기타 인적공제

1) 자녀공제(피상속인의 직계비속)

자녀 1인당 5천만 원을 공제해줍니다. 상속과 증여를 혼동하시는 분들이 많은데, 자녀가 미성년자인 경우 증여재산공제는 2천만 원이지만 상속의 경우에는 5천만 원 공제가 가능합니다. 2023년부터는 임신 사실을 확인할 수 있는 서류 제출 시 자녀공제 대상에 태아도 포함됩니다.

2) 미성년자공제

상속인(배우자 제외) 및 동거가족 중 미성년자(태아 포함)에 대해서는, 만 19세가 될 때까지의 잔여 연수에 1천만 원을 곱한 금액을 공제해줍니다.

3) 연로자공제

상속인(배우자 제외) 및 동거가족 중 65세 이상인 사람에 대해서는, 1인당 5천만 원을 상속세 과세가액에서 공제해줍니다.

4) 장애인공제

상속인(배우자 포함) 및 동거가족 중 장애인에 대해서는, 기대여명의 연수에 1천만 원을 곱한 금액을 공재해줍니다.

상속인이 직계비속이고 미성년자(15세)이며 장애인(기대여명 80세로 가정)인 경우 인적공제는 얼마나 받을 수 있을까요? 자녀 공제 5천만 원+미성년자공제 5천만 원(1천만 원×5년)+장애인공제(1천만 원×65년)가 되어 총 7억 5천만 원의 공제가 가능합니다. 여기에 기초공제 2억 원까지 받게 되면 무려 9억 5천만 원을 공제받을 수 있는 것입니다.

흔히 '배우자가 없는 경우 5억 원까지만 상속세가 없다'라고 알고 계시는 분들이 많은데, 장애인 자녀 또는 배우자가 있다면 더 많은 공제를 받을 수 있습니다.

🎯 일괄공제

배우자단독상속의 경우를 제외하고, 기초공제와 기타 인적공제를 합친 금액과 일괄공제(5억 원) 중에서 선택할 수 있도록 하되 별도 신고가 없는 경우 일괄공제금액이 적용됩니다.

지금처럼 자녀가 있어도 한 명인 가족이 많은 시대에는 일괄공제를 적용하는 게 기초공제와 기타 인적공제를 합친 금액보다 많기 때문에 보통 일괄공제를 선택해 적용하지만, 자녀 수가 많거나 상속인 중 장애인이 있다면 인적공제를 계산해볼 필요가 있습니다.

일괄공제를 선택할 수 없는 경우도 있을까요? 피상속인이 비거주자에 해당되는 경우와 상속인이 배우자 한 명뿐인 경우에는 일괄공제를 적용할 수 없고 기초공제 2억 원만 적용받게 됩니다. 해외거주하는 자녀가 늘어나고 자식을 낳지 않는 부부가 증가하는 시대에 꼭 알아둬야 할 규정입니다.

배우자공제 5억 원을 가정하고 케이스별 인적공제 사례를 살펴봅니다.

1) 배우자 有 & 직계존비속 有 → 최소 10억 원 상속공제

　(일괄공제 5억 원+배우자상속공제 5억 원)

2) 배우자 無 & 직계존비속 有 → 최소 5억 원 상속공제

　(일괄공제 5억 원)

3) 배우자 有 & 직계존비속 無 → 최소 7억 원 상속공제

　(기초공제 2억 원+배우자상속공제 5억 원)

4) 배우자 無 & 직계존비속 無 → 최소 5억 원 상속공제

　(일괄공제 5억 원)

▶ 공제액 비교

구분	공제액
기초공제	2억 원
기타 인적공제	자녀 수(태아 포함)×1인당 5천만 원 미성년자 수(태아 포함)×1천만 원×19세까지의 잔여 연수 연로자 수×1인당 5천만 원 장애인 수×1인당 1천만 원×기대여명 연수 * 자녀, 미성년자, 장애인, 배우자공제와 중복적용 가능 (자녀공제와 연로자공제는 중복 불가)
일괄공제	MAX[5억 원, (기초공제 2억 원+그 밖의 인적공제)] * 배우자단독상속의 경우 일괄공제 적용 X * 피상속인이 비거주자일 경우 일괄공제 적용 X * 무신고의 경우 일괄공제 적용

30억 원 한도
배우자상속공제 절세 비법

사전증여를 통한 상속세 절세를 고민하면서도 무조건 증여가 유리하다고 할 수 없는 이유가 바로 상속공제 규정이 있기 때문입니다. 자녀에게 증여할 때는 10년간 증여재산공제 5천만 원(미성년자 2천만 원)이 적용되지만, 상속 시에는 일괄공제 5억 원 및 배우자상속공제를 최대 30억 원까지 적용받을 수 있기 때문입니다.

상속세는 증여세와 다르게 누가 얼마의 재산을 받느냐에 따라 세금이 달라지지 않지만, 유일하게 배우자상속공제는 배우자가 얼마의 재산을 상속받느냐에 따라 절세가 가능합니다.

연초 남편의 사망으로 상속세 신고를 준비 중인 B 씨는 상속세 때문에 머리가 아픕니다. 상속재산은 거주 중인 아파트(시가 20억 원)와 금융재산 10억 원을 합해 약 30억 원 정도 되는데, 배우자가 받으면 30억 원까지 세금이 없다는 이야기를 듣고 세 자녀의 동의를 얻어 재산 전체를 배우자 명의로 상속하고자 합니다. 그런데 배우자가 단독으로 상속받으면 일괄공제를 받을 수 없다는 이야기를 최근에 듣고 배우자단독상속 시 상속세가 늘어날까 봐 걱정입니다. 일괄공제 5억 원을 적용받기 위해서는 반드시 자녀들과 상속재산을 나눠야 할까요? 배우자가 상속받으면 30억 원까지 세금이 없을까요?

🎯 배우자단독상속은 일괄공제가 불가능한가?

상속세및증여세법(이하 '상증세법')을 보면 피상속인의 배우자가 단독으로 상속받는 경우 일괄공제를 적용받을 수 없다고 규정하고 있습니다. 그렇다면 위 사례처럼 법정상속인으로 배우자와 직계비속이 있으나, 직계비속이 상속을 포기하거나 협의에 의해 배우자가 단독으로 상속받는 경우에도 일괄공제를 적용받지 못할까요?

국세청 예규를 보면, 민법 제1003조에 의한 단독상속인이 되는 경우에만 일괄공제를 적용받을 수 없다(재산상속46014-1631, 1999.09.02.)고 해석하고 있습니다. 민법 제1003조는 '배우자는 상속인이 있는 경우에는 상속인과 동순위로 공동상속인이 되고 상속인이 없는 때에는 단독상속인이 된다'라고 되어 있으므로, 민법에서 말하는 단독상속인이란 피상속인의 직계비속과 존속이 없는 경우만을 의미한다는 걸 알 수 있습니다.

따라서 앞서 사례처럼 상속인들 간의 협의분할로 모든 재산을 배우자가 상속받는 경우는 일괄공제 5억 원을 받을 수 있습니다.

⊙ 배우자상속은 30억 원까지 세금이 없나?

상속세는 상속으로 재산이 다음 세대로 무상 이전될 때 발생하는 세금입니다. 부부는 경제공동체로서 동일세대로 봐 혼인 중에 부부 공동의 노력으로 축적한 재산에 대한 기여를 인정해, 배우자가 실제로 상속받은 재산가액 전액을 배우자공제로 인정하는 걸 원칙으로 합니다. 다만, 공제 한도가 없다면 고액 재산가의 세 부담이 지나치게 줄어들기 때문에 배우자공제는 30억 원을 한도로 다음의 금액을 상속세 과세표준에서 차감합니다.

1) 배우자상속공제 계산방법

> MAX[MIN(배우자 실제 상속분, 한도금액(*), 30억 원), 5억 원]
> (*)한도금액: 상속재산가액×배우자 법정상속비율-가산한 증여재산 중
> 배우자 증여재산 과세표준

배우자의 법정상속비율은 민법에 규정된 배우자의 법정상속분을 말합니다. 이때 민법상 배우자는 다른 가족 몫보다 1.5배를 적용하도록 되어 있어 동순위 상속인이 세 명 있는 경우 배우자 법정상속분은 10억 원이 됩니다.

배우자상속공제금액 계산=30억 원×1.5/4.5=10억 원

2) 다른 상속인이 상속을 포기했을 때

배우자상속공제를 상담할 때 많이 듣는 질문입니다.

> "상속세를 줄이기 위해 배우자를 제외한 다른 상속인들이 모두
> 상속을 포기하면 배우자의 법정상속비율이 100%가 되어 30억
> 원까지 공제가 가능하지 않을까요?"

배우자의 법정상속분은 상속 대상자 중 다른 가족이 상속을 포기하더라도 포기 전의 상속분을 의미합니다. 따라서 30억 원이 아닌 10억 원만 공제가 가능합니다.

3) 배우자가 3억 원만 받았을 때

배우자는 기여분을 인정해 실제 상속받은 금액이 없거나 상속받은 금액이 5억 원 미만이더라도 5억 원을 공제해줍니다. 따라서

▶ 배우자상속공제 최대·최소 적용

배우자공제 최대 적용 시

상속재산가액		30억 원
상속공제		15억 원
	① 일괄공제	5억 원
	② 배우자상속공제	10억 원
과세표준		15억 원
산출세액(40%)		4억 4천만 원
신고세액공제(3%)		1,320만 원
납부할 세액		4억 2,680만 원

배우자공제 최소 적용 시

상속재산가액		30억 원
상속공제		10억 원
	① 일괄공제	5억 원
	② 배우자상속공제	5억 원
과세표준		20억 원
산출세액(40%)		6억 4천만 원
신고세액공제(3%)		1,920만 원
납부할 세액		6억 2,080만 원

* 금융재산상속공제, 장례비 등은 고려하지 않았음

실제 상속받은 금액이 3억 원일지라도 5억 원을 공제받을 수 있습니다.

반면 배우자가 법정상속분인 10억 원을 초과해 30억 원을 전부 상속받더라도, 10억 원 이상 배우자공제를 적용받을 수 없습니다. 법정상속비율 한도를 넘는 상속재산이 모친에게 간다면 금번 상속세 납부세액은 줄지 않으면서 나중에 홀로 남은 모친이 돌아가셨을 때 다시 한번 상속세 납부대상 재산이 될 수 있기 때문에, 절세를 생각한다면 배우자상속공제 한도만큼만 상속받는 게 유리할 수 있습니다.

🎯 신고기한 지나 협의분할 시 배우자상속공제 가능한가?

배우자상속공제를 적용받기 위해서는, 상속세 신고기한 다음 날로부터 9개월이 되는 날까지 상속재산에 대한 협의분할을 완료하고 등기 이전이 필요한 재산의 경우 등기 이전까지 마쳐야 합니다.

이 경우 상속인은 납세지 관할 세무서장에게 신고해야 하며, 부득이한 사유로 배우자상속재산 분할기한까지 배우자상속재산을 분할할 수 없는 경우 배우자상속재산 분할기한 다음 날부터

6개월이 되는 날까지 상속재산을 분할해 신고하면 분할한 것으로 인정해줍니다.

🎯 부부가 같은 날에 사망해도 배우자상속공제 가능한가?

매우 안타까운 상황이지만, 안타까워만 할 수는 없습니다.

부부가 함께 여행을 가다 자동차 사고 등으로 동시에 사망했을 경우와 시차를 두고 사망한 경우 두 가지로 나눠 생각해볼 수 있습니다.

1) 동시에 사망한 경우

부와 모가 동시에 사망했을 경우 상속세 과세는 부와 모의 상속재산에 대해 각각 개별로 계산하며, 배우자상속공제는 적용되지 않습니다.

2) 같은 날에 시차를 두고 사망한 경우

부와 모가 같은 날에 시차를 두고 사망한 경우, 상속세 과세는 부와 모의 상속재산을 각각 개별로 계산하되 먼저 사망한 자의 상속세 계산 시 배우자상속공제를 적용합니다. 나중에 사망한 이의 상속세 과세가액에는 먼저 사망한 이의 상속재산 중 그의 지분을 합산하고 단기재상속에 대한 세액공제를 추가로 적용해줍니다.

🎯 연대납세의무를 활용한 배우자상속공제 절세 비법

수증자가 세금을 내야 하는 증여세와 달리, 상속세는 상속인과 수유자(유증에 의해 재산을 받는 사람)가 상속재산 중 각자가 받았거나 받을 재산의 비율에 따라 상속세를 납부해야 하고 각자가 받았거나 받을 재산을 한도로 연대해 납부할 의무가 있습니다.

즉, 연대납세의무자로서 각자가 받았거나 받을 상속재산의 한도 내에서 다른 상속인이 납부해야 할 상속세를 대신 납부하더라도 추가로 증여세가 부과되지 않습니다(재산세과-454, 2011.09.27.).

따라서 앞서 사례처럼 부동산과 금융자산이 있을 경우 배우자는 10억 원의 금융재산을 상속받고 나머지 자녀들이 아파트를 나눠 상속받아, 배우자가 상속받은 10억 원으로 상속세를 납부한다면 자녀들은 상속세 부담 없이 부친의 재산을 온전히 물려받을 수 있습니다.

상속세 6억 원 줄이는
동거주택상속공제 절세 플랜

배우자가 있으면 10억 원, 없으면 5억 원까지 상속세가 없다는 내용을 알고 있습니다. 이를 인적공제라고 합니다. 상속세에는 인적공제만큼이나 큰 금액을 공제해주는 항목이 또 있습니다. 물적공제라고 하는데, 그중에서 동거주택상속공제를 살펴보고 자 합니다.

 사례

　　　　　30년을 사업에만 매진한 남편이 은퇴 후 가족과의 행복 한 생활을 시작도 못 해보고 갑작스러운 심장질환으로 사망했습니다. 슬하에는 성인이 된 세 명의 딸이 있습니다. 열심히 일한 남편의 재산은 20억 원 아파트 한 채와 상가 그리고 현금 10억 원 정도로, 상속세 신고를 해야 하는 상황입니다. 일반적인 공제 5억 원과 배우자상속공제 외에 주택도 잘 활용하면 상속세를 줄일 수 있다고 하는데, 정말 가능할까요?

🎯 동거주택상속공제 요건에 대하여

세법은 주택 취득 시 취득세 감면, 양도소득세 계산 시 주택 비과세, 종합부동산세 계산 시 11억 원 공제 등 1주택에 많은 혜택을 부여합니다. 1주택은 투자수단으로 취급하지 않고 국민의 주거안정을 지원해야 하는 대상으로 구분하기 때문입니다. 이런 취지의 연장선상에서 본다면, 1주택을 장기간 소유하다가 상속이 되는 경우에도 혜택을 주는 게 합리적이라고 할 수 있습니다. 그래서 상속세에서도 동거주택상속공제라는 규정을 둬 일정 요건을 충족할 경우 최대 6억 원까지 공제합니다.

요건을 하나씩 살펴볼까요?

동거주택상속공제 요건

1) 피상속인과 상속인(직계비속)이 상속개시일로부터 소급해 10년 이상(미성년자인 기간 제외) 하나의 주택에서 동거할 것
2) 피상속인과 상속인이 상속개시일로부터 소급해 10년 이상 1세대를 구성하면서 1세대 1주택에 해당할 것(무주택기간이 있는 경우 1세대 1주택 기간에 포함)
3) 상속개시일 현재 무주택자이거나 피상속인과 공동으로 1세대 1주택을 보유한 자로서 피상속인과 동거한 상속인이 상속받은 주택일 것

1) 피상속인과 상속인(직계비속)이 상속개시일부터 소급해 10년 이상 (미성년자 기간 제외) 하나의 주택에서 동거할 것

10년 동안 반드시 하나의 주택에서 거주해야 하는 건 아닙니다. 과거에는 한 집에서만 10년간 동거해야만 공제를 받을 수 있었지만, 현재는 중간에 주택을 사고 팔았더라도 10년 동안 1주택자로서 동거했다면 상속개시일 현재 피상속인이 보유한 주택에 대해 공제가 가능합니다. 이때 반드시 해당 주택에 주소를 두고 거주해야 하는 건 아니고 보유 주택을 임대하고 다른 곳에서 전세로 거주해도 공제를 받을 수 있습니다.

상속개시일부터 소급해 반드시 10년 동안 동거해야 합니다. 상속개시일부터 소급해 전체기간 중 10년을 같이 살았다고 해서 공제받을 수 있는 게 아니라 10년 이상 계속해서 동거했을 경우에만 공제가 가능합니다.

다만, 피상속인과 상속인이 부득이한 사유에 해당해 동거하지 못한 경우에는 계속해 동거한 것으로 보되 해당 기간은 동거 기간에 산입하지 않습니다.

상증세법 제23조의 2 [동거주택상속공제] ②항 규정
* 부득이한 사유
- 징집
- 「초·중등교육법」에 따른 학교(유치원·초등학교 및 중학교는 제외) 및 「고등교육법」에 따른 학교 취학
- 직장 변경이나 전근 등 근무상의 형편
- 1년 이상의 치료, 요양이 필요한 질병 치료, 요양

---

* 동거주택상속공제 규정 적용 시, 근무상 형편은 부득이한 사유로 인정하지만 사업상 형편은 해당하지 않습니다(재산-506, 2011.10.27.).

열다섯 살 자녀가 스물일곱 살까지 부모님과 동거했다면, 동거주택상속공제가 가능할까요? '10년 이상 계속 동거' 요건에서 10년의 기간에 산입하지 않는 것에는 부득이한 사유뿐만 아니라 상속인이 미성년자인 기간도 있습니다. 따라서 미성년자(만 19세)까지의 기간은 제외하고 8년을 동거한 것으로 봅니다. 또한 중간에 군대를 2년 다녀왔다면 계속 동거한 것으로 인정해주지만 동거한 기간으로는 인정받지 못하기 때문에 동거기간은 최종적으로 6년이 됩니다.

2) 피상속인과 상속인이 상속개시일부터 소급해 10년 이상 1세대를 구성하면서 1세대 1주택에 해당할 것(무주택기간이 있는 경우 1세대 1주택 기간에 포함)

피상속인과 상속인이 같이 살면서 1세대 1주택 요건을 연속으로 10년 이상 충족해야 합니다. 다만, 무주택기간은 1세대 1주택에 해당하는 기간에 포함해줍니다. 따라서 엄마와 딸이 12년을 함께 살았는데 5년 정도 주택이 없어 같이 전세로 살았을 경우에도 10년 이상 동거한 것이기에 동거주택상속공제를 받을 수 있습니다.

6억 원이라는 큰 금액을 상속재산에서 공제해줌에도 불구하고, 실제 적용받는 케이스는 많지 않습니다. 바로 이 두 번째 요건의 영향이 큽니다. 동거기간에 잠시라도 1세대 1주택 기준을 벗어난다면 '10년 계속 동거'라는 요건을 위배한 게 되어 상속공제를 적용받을 수 없게 됩니다.

일시적 2주택이나 상속 또는 동거봉양으로 2주택이 되는 경우에도 1주택 요건을 위배했기 때문에 동거주택상속공제를 받을 수 없을까요? 그렇진 않습니다. 양도소득세 비과세를 적용받는 사유에 해당한다면 동거주택상속공제를 적용받을 수 있습니다.

1주택으로 인정하는 경우

- 피상속인이 일시적 2주택을 소유한 경우(다른 주택을 취득한 날부터 2년 이내 종전 주택을 양도하고 이사하는 경우만 해당)
- 상속인이 상속개시일 이전에 1주택자와 혼인한 경우(혼인한 날부터 5년 이내 배우자 소유의 주택을 양도한 경우만 해당)
- 피상속인이 문화재보호법 제53조 제1항에 따른 국가등록문화재에 해당하는 주택을 소유한 경우
- 피상속인이 소득세법 시행령 제155조 제7항 제2호에 따른 이농주택을 소유한 경우
- 피상속인이 소득세법 시행령 제155조 제7항 제3호에 따른 귀농주택을 소유한 경우
- 60세 이상의 직계존속을 동거봉양하고자 세대를 합쳐 일시적으로 1세대 2주택을 보유한 경우(세대를 합친 날부터 5년 이내 피상속인 외의 자가 보유한 주택을 양도한 경우만 해당)
- 피상속인이 1주택자와 혼인함으로써 일시적으로 1세대 2주택을 보유한 경우(혼인한 날부터 5년 이내 피상속인의 배우자가 소유한 주택을 양도한 경우만 해당)
- 피상속인 또는 상속인이 제3자로부터의 상속으로 상속주택 소수지분을 소유한 경우

3) 상속개시일 현재 무주택자이거나 피상속인과 공동으로 1세대 1주택을 보유한 자로서 피상속인과 동거한 상속인이 상속받은 주택일 것

상속받는 자가 피상속인의 1주택 외에 주택이 없어야 합니다. 그럼, 피상속인의 주택을 상속인들이 공동으로 상속받는 경우는 어떨까요? 동거주택상속공제 요건을 충족한 상속인의 보유지분

에 대해서만 공제가 가능합니다. 결과적으로, 동거한 상속인이 주택 하나 전체를 다 상속받는 경우에만 동거주택상속공제를 적용받을 수 있는 건 아닙니다. 또 하나 꼭 기억해야 할 사항은, 직계비속만 상속공제를 받을 수 있다는 것입니다. 즉, 배우자의 경우 배우자공제를 따로 적용해주기 때문에 20년을 같이 동거했어도 동거주택상속공제를 적용받을 수 없다는 것입니다.

앞서 사례처럼 20억 원 아파트를 법정비율대로 나누면 배우자가 40%, 3자녀가 각각 20%씩 받습니다. 언니 둘은 결혼해 각각 주택이 있고 막내만 미혼이어서 부모님과 10년 이상 동거 중이라면, 막내딸의 지분인 20%에 대해서만 공제가 적용되어 4억 원(20억 원×20%)이 공제됩니다. 상속세를 줄이기 위해 막내딸의 주택상속지분을 10% 올려 4억 원(20억 원×20%)이 아닌 6억 원(20억 원×30%) 공제를 선택할 수 있습니다.

법정지분비율대로 상속주택을 배분하는 것보다 동거주택상속공제 규정과 상속주택 관련 양도소득세 비과세 규정 및 중과세 배제 규정도 함께 검토해 자산분할을 결정할 필요가 있습니다.

2022년 개정사항
공제 대상자: 직계비속 → 직계비속의 배우자 포함

재산평가방법을 활용한
상속세 절세 전략

상속세는 부자들만 내는 세금이라고 생각하는 분들이 많습니다. 상속개시 당시 배우자가 있다면 일괄공제 5억 원과 배우자공제 5억 원으로 총 10억 원까지 상속세가 없고, 배우자가 없으면 5억 원까지 상속세가 없다는 걸 고려해 상속재산가액보다 상속공제액이 높으면 상속세 신고를 하지 않는 경우도 많습니다. 상속세 신고서를 직접 작성하기란 쉬운 일이 아니고, 내야 할 세금이 없는데 세무사에게 신고서 작성을 의뢰해 불필요한 수수료를 지출할 필요가 있을까 하는 생각이 드는 것도 당연합니다. 하지만 납부세액이 없다고 세금 신고를 하지 않는 게 항상 맞을까요?

올해 초 경기도 인근의 토지를 보유하고 있던 부친이 사망했습니다. 배우자인 어머니와 자녀 두 명이 상속인입니다. 상속 당시 토지 기준시가는 3억 원으로, 일괄공제 5억 원에도 미치지 않는 자산이어서 상속세 신고는 하지 않고 6월에 모친 명의로 상속등기를 끝냈습니다. 11월 현재 모친의 생활비 마련을 위해 상속받은 토지를 10억 원에 팔고자 합니다. 지금 토지를 팔면 양도소득세가 많이 나올까요? 언제 팔아야 절세가 가능할까요?

상속받은 재산이 양도소득세 과세대상인 부동산이나 주식이라면 해당 상속재산을 양도할 때 당초 상속세 신고를 어떻게 했느냐에 따라 양도소득세 차이가 발생할 수 있습니다. 따라서 이런 경우 지금 당장의 이익보다 전체적인 이익을 고려할 수 있는 전략이 필요합니다.

🎯 상속증여재산평가 원칙은 시가다

부동산 등 재산을 상속받을 때 재산평가액에 따라 상속인이 부담해야 하는 상속세가 달라지기 때문에, 재산을 얼마로 평가할 것인지는 상당히 중요한 문제가 됩니다.

▶ 시가와 보충적 평가

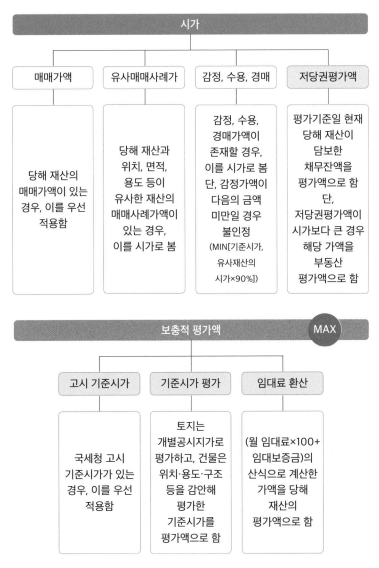

시가

매매가액

당해 재산의 매매가액이 있는 경우, 이를 우선 적용함

유사매매사례가

당해 재산과 위치, 면적, 용도 등이 유사한 재산의 매매사례가액이 있는 경우, 이를 시가로 봄

감정, 수용, 경매

감정, 수용, 경매가액이 존재할 경우, 이를 시가로 봄 단, 감정가액이 다음의 금액 미만일 경우 불인정 (MIN[기준시가, 유사재산의 시가×90%])

저당권평가액

평가기준일 현재 당해 재산이 담보한 채무잔액을 평가액으로 함 단, 저당권평가액이 시가보다 큰 경우 해당 가액을 부동산 평가액으로 함

보충적 평가액 **MAX**

고시 기준시가

국세청 고시 기준시가가 있는 경우, 이를 우선 적용함

기준시가 평가

토지는 개별공시지가로 평가하고, 건물은 위치·용도·구조 등을 감안해 평가한 기준시가를 평가액으로 함

임대료 환산

(월 임대료×100+ 임대보증금)의 산식으로 계산한 가액을 당해 재산의 평가액으로 함

상속이나 증여재산의 평가원칙은 시가입니다. 세법에는 '상속세 또는 증여세가 부과되는 재산의 가액은 상속개시일 또는 증여일 현재의 시가에 따른다'라고 규정하고 있습니다. 이때 시가란 불특정다수 사이에서 자유롭게 거래가 이뤄지는 가격을 말하는데, 시가의 범위에는 실제 매매가액 이외에도 감정, 수용, 공매 또는 경매가액도 포함하도록 규정되어 있습니다.

상속 또는 증여재산을 평가할 경우 시가로 하는 것이 원칙이지만 시가를 산정하기 어려운 경우가 발생할 수 있습니다. 세법에는 이 같은 문제를 보완하기 위해 재산 종류별로 시가를 모를 경우 적용할 수 있는 별도의 평가 규정을 두고 있는데, '보충적 평가방법'이라고 합니다.

🎯 상속세가 없어도 상속세 신고가 유리할 수 있다

상속재산이 상속공제금액보다 적을 경우 상속세를 신고하지 않아도 상속세 및 가산세 부과 등의 불이익은 없습니다. 하지만 상속받은 자산을 양도할 때의 취득가액은 상속받을 당시의 상증세법에 의해 평가한 가액으로 한다고 규정되어 있기 때문에, 상속세를 별도로 신고하지 않은 경우라면 아파트와 같이 유사매매사

▶ 상속세를 신고한 경우와 하지 않은 경우의 세 부담 차이

과세표준	상속세 신고를 하지 않은 경우	상속세 신고를 한 경우
양도가액	10억 원	10억 원
취득가액(=상속재산가액)	(-) 3억 원	(-) 7억 원
양도차익	7억 원	3억 원
양도소득세	1억 6,906만 원	5,891만 원
절세액	1억 1,015만 원	

* 사업용 토지 가정, 장기보유특별공제 30% 가정

례가액이나 시가가 존재하지 않는 재산은 상속개시 당시의 기준 시가가 해당 자산의 취득가격이 됩니다.

상속재산을 감정받더라도 상속세가 나오지 않거나 적게 나오는 재산이라면, 감정평가 수수료를 부담하더라도 두 개 이상의(기준시가 10억 원 이하의 부동산의 경우에는 한 개) 감정평가법인 감정을 받아 기준시가보다 높은 감정가액으로 상속세를 신고하면 신고한 감정가액을 해당 자산의 양도 시 취득가액으로 인정받을 수 있습니다.

시가로 상속세를 신고하면서 부담해야 하는 상속세액은 많지 않고 향후 절감되는 양도소득세 부담이 더 클 것으로 예상된다면, 감정평가를 받아 상속세 신고를 하는 것이 상속인에게 유리할 수 있습니다. 기준시가가 3억 원인 토지가 감정을 받아 7억 원이 되었다면, 향후 이 토지를 10억 원에 양도할 때 취득가액의 차이로 인한 양도소득세 부담 차이는 1억 1,015만 원에 달하기에 절세가 가능합니다.

🎯 신고기한 후에도 상속세 신고할 수 있다

상속세 신고기한은 상속개시일이 속하는 달의 말일로부터 6개월 이내이며, 신고기한 이내에 신고하지 않은 경우 국세기본법에 의한 기한 후 신고할 수 있습니다. 예전에는 납부할 상속세가 있는 경우에 한해 기한 후 신고가 가능했으나, 2007년 1월 1일 이후 상속세 신고기한이 도래하는 분부터는 납부할 상속세가 없는 경우에도 기한 후 신고가 가능하도록 개정되었습니다.

만약, 부동산의 상속세 신고를 하지 않은 경우 지금이라도 시가가 확인되면 상속세를 시가로 기한 후 신고를 한 뒤 해당 재산을 양도하는 방법으로 양도소득세 절세가 가능합니다.

다만, 2020년 2월 11일 이후 양도분부터는 상속증여로 취득한 자산에 대해 세무서장이 결정·경정한 가액이 있는 경우에는 결정 당시 산정된 과세가액을 시가로 보도록 개정되었으므로, 해당 시가가 있는지 세무서 재산세과를 방문해 확인해볼 필요가 있습니다(부산지법2021구합22105, 2021.12.10.).

가업상속공제,
기업을 승계하는 최선의 방법

법인이나 개인기업을 경영하는 기업가들과 상속 관련 상담을 하다 보면 공통된 고민을 접하는데, 여타 자산가들에 비해 상속세 부담이 크다는 점입니다. 창업주 또는 경영자의 갑작스러운 사망으로 상속이 개시되면 거액의 상속세 부담으로 원활한 가업승계가 이뤄지지 못하는 경우가 많습니다.

우리나라의 상속증여세율은 최고 50%로 OECD 국가 중 가장 높은 수준이므로, 미리 계획을 세우지 않고 갑자기 상속이 발생하게 될 경우 상속인은 세 부담으로 물려받은 재산을 처분할 수밖에 없게 됩니다.

최근 가업상속공제의 규모와 대상 범위가 확대되어가는 추세로, 가업상속공제를 활용할 수 있다면 다른 어떤 방안보다 확실한 절세효과를 기대할 수 있습니다. 다만, 가업상속공제의 적용 요건과 사후관리 요건이 까다롭기 때문에 상속이 발생하기 전부터 면밀히 검토해 대비해야 합니다.

🎯 가업상속공제 요건을 충족하려면

사례 🔍

30여 년간 중소기업 A를 운영해온 C 씨는 자녀에 대한 상속이 걱정입니다. 최근 회사 규모가 커지면서 기업가치가 600억 원 정도 되는데, 이를 상속할 경우 상속세가 50%나 된다고 담당 세무사가 전해줬기 때문입니다. 하지만 C 씨의 재산은 A 법인과 살고 있는 집 한 채가 전부이기 때문에, 남은 가족들이 상속세를 부담하고자 평생 운영해온 회사를 팔아야 하는 상황입니다. 회사를 지킬 방법은 없을까요?

가업상속공제란 거주자 사망 시 가업의 원활한 승계를 지원하고자 일정 요건을 충족하는 경우 상속공제를 통해 최대 600억 원까지 상속세 부담을 경감시켜주는 제도를 말합니다.

피상속인이 10년 이상 경영한 기업의 경우 가업상속재산 중

▶ 가업상속공제 요건

구분	상세 요건
가업 요건	- 피상속인이 10년 이상 계속해 경영 - 중소기업 또는 직전 3개 사업연도 평균매출액 5천억 원 미만인 중견기업
피상속인 요건	- 세 가지 중 한 가지 충족 ①100분의 50 이상의 기간, ②10년 이상의 기간, ③상속개시일부터 소급해 10년 중 5년 이상의 기간 동안 대표이사(대표자)로 재직 - 법인의 최대주주 지분 40%(상장법인 20%) 이상을 10년 이상 보유
상속인 요건	- 18세 이상&상속개시일 전 2년 이상 가업에 종사 - 신고기한까지 임원 취임 및 신고기한부터 2년 이내 대표이사(대표자) 취임

300억 원, 20년 이상은 400억 원, 30년 이상은 최대 600억 원을 상속재산가액에서 차감해줍니다.

상속세율이 최고 50%인 걸 감안하면 상속세 부담액을 최대 300억 원까지 줄일 수 있습니다.

가업상속공제는 혜택이 큰 만큼 공제 요건과 사후관리 요건이 까다롭습니다. 따라서 성공적으로 가업을 승계하기 위해서는 장기적인 관점으로 준비해야 합니다. 최근 100년 기업을 발굴하기 위해 정부에서 가업상속공제 요건과 대상 범위를 점차 완화하는 추세이니만큼 향후 변경되는 세법을 확인해 다양한 승계 전략을 마련하는 게 바람직합니다.

앞서 C 씨의 사례에서 상속 당시 가업상속공제 요건을 갖추지 못한 경우와 갖춘 경우에 A 법인을 상속할 때 발생하는 상속세를 비교하면 다음과 같습니다. 30년 이상 경영한 중소기업으로 가업상속재산만 600억 원이며 상속인은 자녀 한 명이고 가업상속공제와 일괄공제만 있는 경우입니다.

단, 법인의 주식평가액 전체에 가업상속공제를 적용하는 건 아닙니다. 법인 자산 중에 임대용 부동산, 대여금, 과다보유현금, 주식 등 주요 사업과 무관한 자산가액이 있다면 주식평가액 중에 해당 비율만큼은 공제를 받을 수 없습니다. 따라서 상속이 발생하기 전에 법인의 사업무관자산비율을 줄이는 게 유리합니다.

▶ 가업상속재산 유무에 따른 납부세액 비교

가업상속공제 적용 대상이 아닌 경우	구분	가업상속공제 적용 대상인 경우
600억 원	상속재산가액	600억 원
없음	가업상속공제액	600억 원
5억 원	일괄공제	5억 원
595억 원	상속세 과세표준	-
50%(누진공제 4억 6천만 원)	세율	-
292억 9천만 원	산출세액	-
8억 7,870만 원	신고세액 공제	-
284억 1,130만 원	자진납부 세액	-

* 가업상속공제 적용 시 284억 1천만 원의 상속세를 적게 부담

🎯 가업상속공제는 사후관리가 더 중요하다

가업상속공제는 적용 요건도 중요하지만 사후관리 의무를 지키는 게 무엇보다 중요합니다. 가업상속공제를 적용받은 기업은 상속개시 후 5년간 사후관리 의무(2019년 12월 31일 이전에 상속이 개시된 경우 10년, 2022년 12월 31일 이전에 상속이 개시된 경우 7년)를 이행해야 하는데, 이 기간 내에 의무사항을 위반한 경우 공제받은 세금을 토해내야 합니다.

사후관리는 사업용 자산 처분 금지, 상속인 가업 종사 및 지

▶ 가업상속공제 사후관리 의무 상세

구분	상세 요건
사업용 자산 처분 금지	- 사업용 자산의 40% 이상[2022년 12월 31일 이전 20% 이상(5년 내 10% 이상)]을 처분한 경우
상속인 가업 종사	- 상속인이 대표이사 등으로 종사하지 않는 경우 - 가업의 주된 업종을 변경하는 경우(대분류 내 업종 변경은 허용) - 해당 가업을 1년 이상 휴업(실적이 없는 경우도 포함)하거나 폐업하는 경우
상속인 지분 유지	- 주식 등을 상속받은 상속인의 지분이 감소된 경우
고용 유지	- 상속개시된 소득세 과세기간 말 또는 법인세 사업연도 말부터 5년간 정규직 근로자 수의 전체 평균이 기준고용인원의 90%에 미달하고, 5년간 총급여액의 전체 평균이 기준총급여액의 90%에 미달하는 경우(5년 후 판단) (2022년 12월 31일 이전 매년 80% & 7년 평균 100% 기준)

분 유지, 고용 유지로 나눌 수 있습니다. 상속을 받은 뒤 사업용 자산의 40% 이상을 처분하거나 상속인이 대표이사(대표자)로 종사하지 않거나 업종을 바꾸면 안 됩니다. 기업주들이 가장 곤란해하는 부분은 다름 아닌 고용유지 의무인데, 상속 후 5년간 정규직 근로자 수 및 총급여액의 전체 평균이 기준고용인원 및 기준총급여액의 90%에 미달하지 않아야 합니다.

🎯 개인사업자도 가업상속공제 가능하다

사례

병원장(의사) D 씨는 직원 50명, 연간매출액 100억 원의 개인병원을 20년 이상 운영하고 있습니다. D 씨의 자녀가 병원을 상속받는다면 가업상속공제를 적용받을 수 있을까요?

가업상속공제는 법인기업뿐 아니라 개인기업도 요건을 충족하면 적용받을 수 있습니다. 가업상속공제는 상증세법 별표에서 규정한 업종을 주된 사업으로 영위하는 경우에만 인정되는데, 병원은 전문직종으로 가업상속공제가 적용되지 않는 업종으로 오해하기 쉽지만 공제가 가능한 업종입니다.

가업상속공제 적용이 안 되는 업종은 부동산임대업 및 공급업, 주점업, 학교, 학원, 골프장, 스키장, 게임장, 무도장, 예식장업, 주차장업, 법무·회계·세무서비스업 등이 있습니다.

따라서 D 씨가 운영 중인 개인병원의 매출액이 5천억 원 미만인 경우에는 가업상속공제가 적용되는 가업의 범위에 포함됩니다.

가업상속공제를 적용할 때 개인사업자와 법인은 다른 점이 몇 가지 있습니다.

가업상속공제 적용 범위는 법인 주식을 평가할 때 사업과 관련한 통상적인 현금, 매출채권, 재고자산 등도 포함하지만, 개인기업은 사업에 직접 사용되는 토지, 건축물, 기계장치 등 사업용 자산에 대해서만 공제가 가능합니다. 즉, 개인사업자의 금융자산 등은 가업상속공제가 불가능하며 사업용 자산에 담보된 채무가 있는 경우 해당 부채를 차감한 가액이 되므로 개인기업의 가업상속공제자산은 범위가 한정적입니다.

공제 적용 범위를 확대하기 위해서는 개인사업을 법인으로 전환하는 걸 고려할 수 있습니다. 종전의 개인사업을 동일업종의 신규법인으로 전환하더라도 개인사업체 대표자로서의 사업경영기간과 주식보유기간을 통산해 인정합니다.

또한 가업상속공제는 상속인이 가업을 그대로 승계하는 경우에 적용받을 수 있습니다. 법인기업의 경우 지분은 상속인이

승계하고, 대표이사는 상속인의 배우자가 되어 경영하는 경우에
도 공제받을 수 있습니다. 하지만 개인기업은 소유와 경영이 분
리되어 있지 않아 상속인인 자녀가 직접 기업을 물려받고 대표
자가 되어야 합니다.

🎯 가업을 미리 승계해줄 수 있다

가업상속공제가 기업주의 사후 상속세 납부를 지원하는 제도라
고 한다면, 생전 기업주가 장기간 쌓아온 기술과 경영 노하우를
자녀에게 원활히 승계할 수 있게 지원하고자 가업승계에 대한
증여세과세특례제도도 마련되어 있습니다.

60세 이상의 부모로부터 가업승계를 목적으로 주식을 증
여받는 경우 증여가액(부모의 가업 영위기간 10년 이상 300억 원,
20년 이상 400억 원, 30년 이상 최대 600억 원 한도)에서 10억 원을
공제한 금액에 10%(과세표준 120억 원 초과분은 20%) 세율을 적
용해 증여세를 과세합니다. 적용되는 세율이 10% 또는 20%인
점에서 과세표준 5억 원만 초과해도 30%가 넘는 증여세 일반세
율과 비교해 유리합니다.

예를 들어 70억 원의 주식을 자녀에게 증여하는 경우를 비교
해보면, 증여세과세특례를 적용하면 일반증여에 비해 증여세를

일반증여인 경우	구분	가업승계주식특례 적용 대상인 경우
70억 원	증여세 과세가액	70억 원
5천만 원	증여공제	10억 원
69억 5천만 원	증여세 과세표준	60억 원
50%(누진공제 4억 6천만 원)	세율	10%(120억 원 초과분은 20%)
30억 1,500만 원	산출세액	6억 원
9,045만 원	신고세액 공제	-
29억 2,455만 원	자진납부 세액	6억 원

* 10년 이상 경영한 중소기업 주식 80%를 보유한 부친이 성인 자녀에게 주식 70억 원을 증여한 경우. 중소기업은 총자산가액 중 사업 관련 자산가액 비율이 100%임.

약 23억 2천만 원가량 적게 부담합니다.

가업승계주식의 증여세과세특례 역시 가업상속공제와 비슷한 공제 요건과 사후관리 규정을 두고 있습니다. 중소기업 또는 매출액 5천억 원 미만 중견기업의 지분을 40%(상장법인의 경우 20%) 이상 보유한 최대주주로서 10년 이상 계속 경영한 60세 이상인 부모로부터 증여받아야 하며, 수증자는 증여일 현재 만 18세 이상의 거주자인 자녀로서 수증자 또는 그 배우자가 증여세 과세표준 신고기한까지 해당 가업에 종사하고 증여일로부터 3년 이내 대표이사에 취임해야 합니다. 또한 증여 이후 5년 이상 수증자가 가업에 종사해야 하고, 업종 변경이나 지분처분 제

▶ **가업승계에 대한 증여세과세특례 요건**

구분	상세 요건
가업 요건	- 증여자가 10년 이상 계속 경영한 기업 - 직전 3개 사업연도 평균매출액 5천억 원 미만인 기업 - 개인사업체는 증여특례지원 안 됨
증여자 요건	- 60세 이상 - 최대주주 지분 40%(상장법인 20%) 이상을 10년 이상 보유
수증자 요건	- 18세 이상 - 증여세 신고기한(증여월 말일부터 3개월)까지 가업에 종사하고, 증여일로부터 3년 이내 대표이사에 취임 후 5년간 유지

한 등의 사후관리 규정을 두고 있으나, 종업원 고용유지 의무는 두지 않고 있어 가업상속공제와는 약간의 차이가 있습니다.

주의해야 할 것은 일정 요건을 갖춘 가업을 증여로 승계하는 경우 낮은 세율로 과세하는 특례를 적용하지만, 이후 부모 사망 시 증여 당시의 주식가액을 상속재산가액에 추가로 가산해 상속세로 정산합니다.

일반증여의 경우 증여 시점으로부터 10년이 지나 상속이 발생한다면 사전증여에 대해 상속세 계산 시 합산하지 않습니다. 그러나 가업승계에 대한 증여세과세특례제도는 증여 후 10년이 지나 상속이 발생하는 경우에도 기간과 상관없이 상속세 계산 시 합산해 과세됩니다. 단, 합산하더라도 상속개시일 현재 가업상속 요건(피상속인 대표이사 재직 요건 제외)을 모두 갖춘 경우에는 다시 가업상속공제를 적용받을 수 있습니다.

▶ 증여세과세특례 사후관리 의무

구분	상세 요건
수증자 가업 종사	- 수증자가 증여세 신고기한까지 가업에 종사하지 않거나 증여 일로부터 3년 이내 대표이사에 취임하지 않거나 증여일로부터 5년까지 대표이사직을 유지하지 않는 경우 - 가업의 주된 업종을 변경하는 경우(대분류 내 업종 변경 허용) - 해당 가업을 1년 이상 휴업(실적이 없는 경우 포함)하거나 폐업하 는 경우
수증자 지분 유지	- 주식 등을 증여받은 수증자의 지분이 감소된 경우

가업승계에 대한 증여세과세특례제도는 낮은 증여세율로 사
전에 자녀에게 승계가 가능하다는 장점도 존재하지만, 상속 시
기간과 상관없이 합산해 과세된다는 단점도 존재합니다.

과세특례제도 적용 당시의 증여재산가액으로 합산해 과세되
기 때문에, 추후 큰 폭의 가치 상승이 예상되는 주식의 경우에는
가업승계에 대한 증여세과세특례제도를 적극 활용하는 게 유리
할 수 있습니다.

반면, 증여세과세특례를 활용해 가업을 승계받고 수증자가
경영에 실패해 회사 가치가 낮아지더라도 증여 당시의 평가액으
로 상속세를 과세하기 때문에 사업 전망이 불투명하거나 사양산
업을 영위하는 기업의 경우에는 증여세과세특례제도를 적용하
지 않는 게 낫습니다.

🎯 가업승계 상속·증여세 납부유예제도 신설

2022년 세법 개정으로 2023년부터 신설된 가업승계 납부유예 제도입니다. 이미 가업상속공제와 증여특례 규정이 있지만 사후 관리 요건을 맞추기가 어렵고, 증여특례를 적용받더라도 상속이 발생할 때까지 무기한 합산해야 한다는 부담이 있습니다. 이에 가업상속공제·증여특례 규정과 납부유예 방식 중 선택할 수 있도록 제도를 신설했습니다.

　이 제도를 활용하면 가업승계를 받은 상속인 또는 수증자가 상속세 또는 증여세를 가업을 양도·상속·증여하는 시점까지 납부가 유예되고, 만약 가업승계 요건을 갖추어 재차 상속·증여 시에는 계속해서 납부유예를 적용받을 수 있습니다. 이 규정은 2023년 1월 1일 이후 상속 또는 증여하는 분부터 적용됩니다.

▶ 가업승계 상속·증여세 납부유예제도

구분	상세 요건
대상기업	중소기업
적용 요건	상속: 가업상속공제 증여: 가업승계 증여특례 요건 준용
적용 방식	가업승계를 받은 상속인·수증자가 양도·상속·증여하는 시점까지 상속·증여세 납부유예 * 상속인·수증자가 재차 가업승계(상속·증여) 시 계속 납부유예 적용
사후관리	고용 및 지분 유지 요건 적용(단, 업종 유지 요건 면제)

손자녀 증여 5년 내에
상속이 발생할 때

KB경영연구소가 발표한 '2020 한국 부자 보고서'에 따르면 상속증여로 자산을 이전하겠다고 응답한 비율이 63.6%였습니다.

여기에서 주목할 만한 변화는, 2011년까지만 해도 상속증여 대상에서 손자녀의 비중은 9.2%에 불과했는데 2020년 기준 약세 배 이상 증가하며 31.8%를 기록했다는 점입니다. 특히 50억 원 이상 부자의 경우 10년 전과 비교해 상속증여 대상에서 자녀 비중이 6.3% 감소했으나 손자녀 비중은 23.8% 증가했습니다.

사례

올해로 90세인 어머니, 시가 20억 원 아파트에 거주 중으로 현금자산만 약 20억 원 정도 보유하고 계십니다. 3년 전 친구의 사망 때 상속세를 많이 냈다는 이야기를 듣고, 세무 상담을 했더니 손자녀에게 증여하고 5년만 지나면 상속재산에서 제외되어 절세가 된다고 했습니다. 어머니는 고민하시다가 두 명의 손자녀에게 각각 5억 원씩을 증여하셨고, 최근 갑작스럽게 돌아가셨습니다.

최근 들어 자녀를 건너뛰고 손자녀에게 증여하는 '세대생략 사전증여'를 고민하시는 분들이 많습니다. 세대생략 사전증여의 장점은 두 가지로 요약해볼 수 있습니다. 세대를 건너뛴 증여로 두 번 낼 증여세를 한 번만 내면 된다는 것과 손자녀에게 증여한 후 5년이 지나면 상속재산에 합산하지 않는다는 것입니다.

다만, 손자녀에게 증여하면 두 번 내야 할 증여세를 한 번만 내는 대신 세대생략 할증이라고 해서 계산된 증여세에 30%(20억 원 초과 시 40%)를 가산해 납부해야 합니다. 이런 규정은 증여세에만 있는 게 아니라 상속세에도 있습니다.

즉, 상속받는 사람이 피상속인의 손자녀인 경우에는 증여세와 동일하게 상속세액의 30%(20억 초과 시 40%)를 가산해 계산합니다(상증세법 제27조: 세대를 건너뛴 상속에 대한 할증 과세).

🎯 손자녀 증여 5년 내에 상속이 발생한 경우

손자녀는 민법상 상속인에 해당하지 않기 때문에, 증여한 후 5년이 지나면 상속재산에 합산하지 않고 5년 내에 상속이 발생하는 경우에만 사전증여재산가액을 상속재산에 합산합니다.

만약, 앞서 사례처럼 손자녀에게 증여하고 5년 내에 상속이 발생하는 경우 상속세는 어떻게 계산할까요? 손자녀 증여 상담을 할 때 많이 듣는 질문은 다음과 같습니다.

"상속세 과세가액에 가산하는 사전증여재산도 상속세 할증 대상인가요? 상속인 아닌 손자녀에게 증여한 뒤 5년이 경과하지 않아 상속재산에 합산된 기증여재산은 이미 증여세를 냈음에도 불구하고 상속세까지 내야 하는 상황입니다. 이때 사전증여 시 납부했던 증여세는 할증된 금액으로 차감하나요? 상속재산에 더해진 재산을 증여받은 손자녀들도 연대납세의무가 있나요?"

성인인 손자녀에게 5억 원 증여 시 증여세를 살펴볼까요?

상속개시 당시 재산을 손자녀가 상속받은 경우에만 할증이 적용됩니다. 앞서 사례는 사전증여를 받은 것이지 상속개시 당시 손자녀가 상속받은 게 아니기 때문에, 사전증여재산에 대해 상속세가 할증되지 않습니다. 이와 같은 논리로 증여세액공제액

▶ 성인 손자녀에게 5억 원 증여 시 증여세

구분	계산내역	비고
증여재산가액	5억 원	
증여세과세가액	5억 원	
증여재산공제	5천만 원	배우자 6억 원, 성년 5천만 원, 미성년 2천만 원, 기타 1천만 원
과세표준	4억 5천만 원	
산출세액	8천만 원	
세대생략 할증	2,400만 원	세대생략 증여의 경우 30% (20억 원 초과 시 40%)
신고세액공제	312만 원	3% 공제
증여세	1억 88만 원	

도 할증세액을 제외한 8천만 원만 차감해야 합니다.

상속세는 상속인들 간에만 연대납세의무가 있습니다. 1차 상속인은 직계비속과 배우자, 2차 상속인은 직계존속과 배우자, 3차 상속인은 4촌 이내 형제자매입니다.

따라서 손자녀는 상속인이 아니기 때문에 사전증여를 받은 재산이 상속재산에 더해지더라도 상속세 납세의무가 없으며, 연대납세의무 또한 없습니다.

🎯 손자녀 증여 후 할아버지가 돌아가셨을 때 손자녀가 대습상속인이라면

할아버지가 손자녀에게 사전증여한 후 할아버지의 자녀가 먼저 사망하고 할아버지의 상속이 개시될 당시에는 1순위 상속권자인 자녀가 없는 경우, 손자녀가 대습상속인이 됩니다. 이 경우 6년 전 손자가 사전증여받은 재산이 있다면, 이 재산은 상속세 과세가액에서 제외하는 게 맞을까요?

민법에서는 대습상속인도 상속인과 동일한 지위를 갖고 있다고 봅니다. 따라서 이 경우 손자녀에게 한 사전증여가 증여 당시에는 상속인이 아니었지만 할아버지의 유고로 상속이 개시된 시점에는 손자녀가 상속인이 되고, 상속세는 상속개시 시점을 기준으로 상속인을 판단하기 때문에 10년 이내에 증여한 재산을 합산해야 합니다.

다만, 사전증여 당시 세대생략 할증이 반영된 증여세액을 상속세에서 차감합니다. 즉, 8천만 원이 아니라 1억 400만 원을 상속세에서 차감하는 것입니다.

참고: 재산세과-149, 2010.03.10. 대법원2016두54275, 2018.12.13

손자녀 상속에서 꼭 기억해야 할 것들

상속재산에서 공제되는 금액은 상속인이 상속을 받았을 경우에만 적용되는 것입니다.

상담을 하다 보면 "오래전부터 사전증여로 자녀들에게는 충분히 줬기 때문에 더 이상은 주고 싶지 않다. 내 남은 재산은 이쁜 손자녀들에게 주고 싶다"고 말씀하시는 분들이 많습니다.

이 경우에는 반드시 상속공제 종합한도를 확인해야 뜻하지 않게 상속세를 납부하는 상황을 방지할 수 있습니다.

🎯 손자녀는 직계비속이라도 후순위 상속인에 해당한다

상속이 발생했을 때 상속 순위는 직계비속이 있다면 직계비속과 배우자, 직계비속이 없다면 직계존속과 배우자 등으로 민법에서 정하고 있습니다.

예를 들어 할아버지가 사망한 경우 할머니, 아들 그리고 손자가 유족이라고 가정한다면, 아들과 손자는 직계비속이므로 상속인에 포함되고 배우자인 할머니도 공동상속인이 됩니다. 이때 직계비속이 두 명이더라도 최근친을 선순위로 하기에 아들과 할머니가 선순위 상속인이 되며, 손자는 후순위 상속인이 됩니다.

▶ 민법에서 정한 상속 순위

민법 제1000조 [상속 순위]	민법 제1003조 [배우자의 상속 순위]
- 상속에 있어서는 다음의 순위로 상속인이 된다 1) 피상속인의 직계비속 2) 피상속인의 직계존속 3) 피상속인의 형제자매 4) 피상속인의 4촌 이내 방계혈족 - 전 항의 경우 동순위의 상속인이 수인인 때는 최근친을 선순위로 하고 동친 등의 상속인이 수인인 때는 공동상속인이 된다	- 피상속인의 배우자는 제1000조 제1항 제1호와 제2호의 규정에 의해 상속인이 있는 경우 상속인과 동순위로 공동상속인이 되고 상속인이 없을 때는 단독상속인이 된다

🎯 후순위 상속인에게 상속재산을 넘기고 싶다면?

손자녀에게도 상속할 수 있는지 문의하시는 분들이 많습니다. 앞서 살펴본 것처럼 상속인은 민법에서 규정하고 있고, 선순위 상속인이 존재하는 한 후순위 상속인인 손자녀가 상속을 받을 수 없습니다.

그럼에도 불구하고 손자녀에게 상속하고 싶다면 세 가지 방법이 있습니다.

1) 유증
할아버지 또는 할머니가 돌아가시면서 손자녀에게 물려주겠다는 유언을 남기는 방법입니다.

2) 유언대용신탁 가입
금융권과 피상속인이 신탁계약을 통해 상속이 개시되는 경우 금융권에 맡긴 신탁재산을 손자녀에게 상속하는 방법입니다.

3) 선순위 상속인들이 상속포기
선순위 상속인들이 상속을 포기하면 그다음 순위의 상속인에게 상속권이 넘어갑니다.

🎯 후순위 상속인 상속재산은 공제를 받을 수 없다

상속이 개시되면 상속재산가액에서 기초공제, 일괄공제, 배우자 상속공제 등 공제받을 수 있는 항목이 다양합니다. 다만, 상속공제는 종합한도가 정해져 있어 일정한 한도액까지만 적용이 가능합니다. 따라서 상속세 과세가액에서 상속인이 아닌 손자녀에게 유증한 재산, 상속포기로 후순위 상속인인 손자녀가 받은 금액을 차감한 범위 내에서 상속공제를 적용받을 수 있습니다. 또한, 손자녀가 상속받을 경우 세대를 건너뛴 상속에 대한 할증과세 대상이 되어 납부해야 할 상속세의 30%(재산가액이 20억 원을 초과하면 40%)를 가산한 금액을 상속세로 납부해야 하기 때문에 세 부담이 오히려 증가할 수 있습니다.

시가 10억 원의 아파트가 유일한 상속재산인 할아버지가 손자에게 유증을 했다면 상속세는 얼마나 될까요? 선순위 상속인은 배우자와 아들, 딸로 가정해봅니다.

1) 유증을 하지 않았다면?

상속세 과세가액: 10억 원-상속공제 10억 원(일괄공제 5억 원, 배우자공제 5억 원)=0원

2) 손자녀에게 유증 시 상속세

과세표준: 상속세 과세가액 10억 원-상속공제 0원=10억 원

상속공제 종합한도: 상속세 과세가액 10억 원-상속인 아닌 자에게 유증한

재산 10억 원=0원

상속세 산출세액: 10억 원×30%-6천만 원=2억 4천만 원

할증세액: 7,200만 원

상속세 산출세액 합계: 3억 1,200만 원

🎯 손자녀가 유증받은 후 상속세 신고기한 내에 상속인에게 반환한다면?

선순위 상속인이 아닌 후순위 상속인에게 상속이 될 경우, 유언을 남길 때에는 상속공제를 받을 수 없다는 사실을 몰랐다가 상속세 신고기한이 경과하기 전에 알았다면 해결할 수 있는 방법이 있습니다.

상속세 신고는 상속개시일(피상속인의 사망일)이 속한 달의 말일로부터 6개월 이내에 해야 합니다. 할아버지가 돌아가시면서 아파트 한 채(시가 10억 원)를 손자녀에게 주는 것으로 유언을 남겨 2개월 뒤에 손자녀에게 상속등기를 한 경우, 상속세 신고기한이 경과하기 전까지 선순위 상속인(손녀의 부모 등)에게 해당

주택을 반환해야 결과적으로 선순위 상속인이 상속을 받은 게 되어 공제 한도에 걸리지 않습니다. 따라서 이 경우에는 상속공제를 적용받을 수 있습니다.

> 상속증여 0426, 2019.5.31.
> 상속인이 아닌 자가 피상속인으로부터 유증받은 재산을 상속세 신고기한 이내에 상속인에게 반환하는 경우에는 당해 재산은 상속인이 상속받은 것으로 봐 상속세를 과세하며, 이때 당해 반환한 재산가액은 같은 법 제24조 제1호에 규정된 "상속인이 아닌 자에게 유증 등을 한 재산의 가액"에 해당하지 않음

🎯 손자녀에게 재산을 물려주고 싶다면?

시가 10억 원의 아파트와 금융재산 10억 원이 있는 할아버지가 손자녀에게 5억 원을 유증한다면, 상속세는 얼마나 될까요? 선순위 상속인은 배우자와 아들, 딸로 가정해봅니다.

1) 유증을 하지 않았다면?

상속세 과세가액: 20억 원-상속공제 12억 원(일괄공제 5억 원, 배우자공제 5억 원, 금융재산상속공제 2억 원)=8억 원

상속세 산출세액: 8억 원×30%-6천만 원=1억 8천만 원

2) 손자녀에게 유증 시 상속세

과세표준: 상속세 과세가액 20억 원-상속공제 12억 원=8억 원

상속공제 종합한도: 상속세 과세가액 20억 원-상속인 아닌 자에게 유증한

재산 5억 원=15억 원

상속세 산출세액: 8억 원×30%-6천만 원=1억 8천만 원

할증세액: 4,500만 원(1억 8천만 원×5억 원/20억 원)

상속세 산출세액 합계: 2억 2,500만 원

앞서 살펴본 것처럼 유증 또는 상속포기 등의 방법으로 선순위 상속인이 아닌 자에게 재산을 상속하는 경우에는 상속공제를 적용받을 수 없습니다. 하지만 앞서 사례와 같이 손자녀가 재산을 물려받는 경우더라도 유증 등을 한 재산 외에 상속재산이 충분한 경우라면 공제한도에 영향을 미치지 않습니다. 또한 요즘처럼 다주택자에 대한 종합부동산세, 양도소득세 패널티가 있는 상황에서는 상속재산 중 주택은 유주택자인 자녀보다 무주택자인 손자녀에게 유증하는 것도 고려해볼 수 있습니다.

결국, 손자녀에게 재산을 물려주고 싶다면 상속공제 한도에 영향을 미치지 않는 범위 내에서 적절하게 유증을 하는 것도 방법일 수 있습니다.

상속재산 종류에 따라 달라지는 세금

 | |  | |

'자녀들에게 어떤 재산을 상속하는 게 절세가 되나요?'라는 질문을 자주 받습니다.

증여와 마찬가지로 상속의 경우에도 넘겨주는 재산의 종류에 따라 평가방법이 다르기 때문에, 재산의 종류에 따라 세금 부담도 달라질 수 있습니다.

🎯 부동산과 금융재산,
무엇을 상속하는 게 유리할까?

유사매매사례가액을 적용받는 아파트를 제외하고 통상적으로 부동산은 시가를 알기 어렵기 때문에, 개별공시지가나 공시가격 등의 기준시가를 기준으로 과세하고 있습니다. 보통 기준시가는 일반적으로 거래되는 가격의 60~70%로 시가보다 낮은 수준이기 때문에, 금융재산보다는 부동산을 상속하는 게 상속세 측면에서 절세가 용이합니다.

반면 금융재산이 상속될 경우 금융재산에서 금융부채를 차감한 순금융재산에 대해 최대 2억 원을 한도로 추가 공제를 해주고 있습니다.

금융재산 범위는 예금, 적금뿐만 아니라 펀드, 보험금, 금전신탁재산, 주식, 채권, CD, 어음(수표는 제외) 등을 포함하지만, 최

▶ 금융재산상속공제

구분	공제금액
2천만 원 이하	순금융재산가액 전액
2천만 원 초과~1억 원 이하	2천만 원
1억 원 초과~10억 원 이하	순금융재산가액×20%
10억 원 초과	2억 원

대주주 등이 보유하고 있는 주식은 제외합니다. 특히, 상속세 신고 시 차명계좌를 상속재산으로 신고하는 경우에는 금융재산상속공제가 가능하지만, 신고하지 않고 추후 세무조사 시 발견된 차명계좌는 공제가 불가능합니다.

이런 내용을 바탕으로 사례를 만들어보겠습니다.

최근 사망한 아버지의 상속재산 신고내역 중 금융재산내역이 다음과 같습니다. 얼마나 공제가 가능할까요?

TIP

금융재산상속공제가 가능한 경우

- 상속세 신고 시 금융재산을 누락했으나 국세청 세무조사 과정에서 금융재산으로 확인된 경우
- 피상속인이 생전에 타인 명의로 예금한 금융재산(차명재산)

금융재산상속공제가 불가능한 경우

- 상속세가 비과세되거나 과세가액에 불산입되는 금융재산
- 상속개시 전에 증여한 금융재산으로 상속세 과세가액에 가산한 금융재산(사전증여재산)
- 상속개시 전 예금 인출액으로서 사용처가 불분명해 상속으로 추정된 재산
- 차명계좌를 상속세 과세표준 신고기한까지 신고하지 않은 경우

---

① 은행 예금 및 펀드 4억 원

② 부인 명의 차명예금 6억 원

③ 사망보험금 2억 원(계약자 및 피보험자=父, 수익자=장남)

④ 3년 전 자녀에게 증여한 예금 3억 원

⑤ 은행 차입금 8억 원

금융재산가액은 예금 등 4억 원과 사망보험금 2억 원, 부인 명의 차명예금 6억 원 그리고 10년 이내 증여한 예금 3억 원에서 은행 차입금 8억 원을 차감한 7억 원입니다. 다만, 금융재산 상속공제를 계산할 때는 사전증여한 재산은 차감하기 때문에 3억 원을 뺀 4억 원에 대해서 20%인 8천만 원만 공제가 가능합니다.

🎯 공동명의 상가, 채무로 공제하는 임대보증금은 어떻게 판단해야 할까?

피상속인이 상가 임대업을 영위하다가 사망한 경우 부채로 공제되는 임대보증금의 귀속은 상가·건물 소유자가 동일한지 다른지에 따라 판단합니다.

토지·건물 소유자가 같은 경우 전체 임대보증금을 피상속인

채무로 공제가 가능합니다. 반면 토지·건물 소유자가 다른 경우 실제 임대차계약 내용에 따라 임대보증금 귀속을 판정하며 건물 소유자만 임대차계약을 체결한 경우 임대보증금이 건물 소유자에게 귀속됩니다.

토지와 건물 소유자가 다르거나 각각 지분으로 가지고 있는 공동사업자인 상황에서, 공동사업자 중 한 명이 사망하면 상속재산에서 공제하는 임대보증금을 기준시가로 안분계산한다고 알고 계신 분들이 많습니다. 이런 경우 안분계산하는 게 아니라 실제 임대차계약 내용에 따라 임대보증금 귀속을 판정하고 건물 소유자만 임대차계약을 체결했다면 임대보증금은 건물 소유자에게 귀속되는 것입니다.

앞서 사례에서, 토지는 아버지가 소유하고 건물은 아들이 소유하고 있는 상황에서 건물 소유주인 아들이 단독으로 임대차계약을 체결했다면 공제받을 수 있는 채무가 없지만, 토지를 아들

▶ 토지·건물 소유자가 같거나 다른 경우

토지·건물 소유자가 같은 경우	토지·건물 각각에 대한 임대보증금은 전체 임대보증금을 토지·건물의 평가액(법 제61조 제5항에 따른 평가액)으로 안분계산한다. 즉, 피상속인 채무로 모두 공제가 가능하다.
토지·건물 소유자가 다른 경우	임대차계약 내용에 따라 임대보증금의 귀속을 판정하고, 건물 소유자만 임대차계약을 체결한 경우 임대보증금은 건물 소유자에게 귀속되는 것으로 한다.

이 소유하고 건물은 아버지가 소유하고 있는 상황에서 건물 소유주인 아버지가 단독으로 임대차계약을 체결했다면 전체를 채무로 공제받을 수 있습니다.

🎯 과소신고한 임대보증금, 부채로 인정받을 수 있을까?

소득세나 부가가치세를 신고하면서 임대보증금 및 월세 수입금액을 실제보다 낮게 신고하는 경우가 종종 있습니다. 이런 경우 실제 보증금을 부채로 공제받을 수 있는지 문의하는 분들이 계신데, 피상속인의 신고 내용과 관계없이 실제 임대차계약서와 사실을 입증할 수 있는 증빙자료(입출금내역서, 통장사본 등)를 제시해 인정받으면 과소신고한 금액이 아닌 실제 보증금을 채무로 인정받을 수 있습니다.

다만 상속세 신고와는 무관하게 기존 임대소득의 신고가 잘못되었다는 걸 시인하는 셈으로, 세무서에서는 상속세를 결정하며 실제 임대차계약 자료를 관할 세무서로 통보해 그동안 적게 신고한 부가가치세 및 소득세를 일시에 추징당할 수 있습니다.

2억 원 이상의 임대보증금이라면 사용처를 명확히 해둬야 합니다. 예를 들어 보증금 1억 원에 월세 700만 원을 받던 임대료를 상속에 임박해 보증금 5억 원에 월세 200만 원으로 변경했고 상속이 발생했다면, 보증금 5억 원은 채무로 인정되어 상속재산에서 공제할 수 있습니다. 다만, 이런 경우에는 사용처를 명확히 할 필요가 있습니다.

상속개시일로부터 1년 이내 2억 원 이상, 2년 이내 5억 원 이상의 채무가 발생했다면 납세자가 사용처를 소명해야 합니다. 만일 사용처를 소명하지 못하면 소명하지 못한 금액 중 일정 금액을 상속재산으로 추정해 가산할 수 있습니다. 이를 추정상속재산이라고 하는데, 해당 금액은 아래와 같습니다.

재산처분액·인출액 및 채무부담액
(-) 용도가 입증된 금액
(-) MIN(재산처분액·인출액 및 채무부담액의 20%, 2억 원) = 추정상속재산가액

따라서 2년 이내의 임대보증금을 채무로 신고하고자 하는 경우에는, 사용처에 대한 증빙을 철저히 확보해 추후 상속세 조사 시 소명하지 못해 상속세를 추징당하지 않도록 해야 합니다.

부동산 계약 중
상속이 개시될 때

사례

아버지가 보유하던 40억 원짜리 토지를 양도계약하고, 계약금과 중도금까지 10억 원을 받은 상태에서 사망하셨습니다. 계약이 진행 중인 상속재산은 어떻게 평가해야 할까요?

상속세는 상속개시 당시 확정된 금액에 대해 과세를 하는 것이 원칙입니다. 위 사례도 상속이 개시되기 전에 잔금을 모두 치르고 등기 이전을 완료했다면, 40억 원 현금을 보유한 상태가 되고 현금에 대해 상속세를 계산하면 간단합니다.

하지만 토지 잔금일을 앞두고 상속이 발생한 경우 간단하지만은 않습니다. 중도금까지 받았으니 계약이 무효가 될 수도 없거니와, 이미 타인의 토지인 것 같지만 등기는 아버지 명의로 되어 있습니다. 그리고 이전등기를 하려는데 아버지가 이미 사망하셨으니 미등기재산입니다. 이런 상황이라면 다음과 같은 질문을 할 수 있습니다.

"상속세 신고는 어떤 재산가액으로 해야 할까요? 양도소득세는 누가 납부해야 하나요? 미등기재산에 대한 양도소득세 중과도 적용되나요?"

1) 상속세

상속재산가액은 부동산(양도가액-기 수령한 계약금과 중도금)과 현금성 자산(계약금과 중도금)으로 나눠 평가합니다

현행 소득세법상, 부동산 양도 시기는 잔금 청산일과 소유권 이전등기 접수일 중 빠른 날로 보고 있습니다. 이를 기준으로 보면, 앞서 사례의 아버지는 잔금도 받지 못했고 등기도 넘겨준 게 아니기에 상속개시일 현재 계약 중인 부동산을 보유한 것으로 봐야 합니다.

다만, 계약 중인 부동산을 보유하고 있더라도 부동산의 재산가액은 양도가액에서 기 수령한 계약금과 중도금을 차감한 평가

금액으로 계산해야 합니다(양도가액 40억 원-계약금과 중도금 10억 원=30억 원). 또한 기 수령한 계약금과 중도금은 부친 계좌에 있을 테니 금융재산이라고 봐 현금성 자산으로 평가해야 합니다(계약금과 중도금 10억 원).

위와 같이 계산하면 결국 토지 양도대금 40억 원과 동일한데, 굳이 부동산 자산과 현금성 자산을 나눠 계산하는 게 무슨 의미가 있을까요?

총상속재산가액은 동일하지만 상속공제 금액에서 차이가 발생할 수 있습니다. 상속세를 계산할 때 금융재산상속공제라는 항목이 있습니다. 현금, 금융상품 등 금융재산을 상속하면 그 금액의 20%(최소 2천만 원~최대 2억 원)를 공제받을 수 있습니다.

앞서 사례의 경우, 부동산 40억 원을 계산하는 것에 비해 부동산 30억 원과 현금성 자산 10억 원을 나눠 계산하면 금융재산상속공제 2억 원을 더 공제받을 수 있습니다.

2) 양도소득세

계약 중인 부동산의 양도소득세는 없습니다. 부동산의 양도일은 잔금 청산일 또는 소유권이전등기 접수일 중에 빠른 날입니다. 따라서 양도일은 상속이 발생한 후에 잔금을 치르기 때문에 납세의무자는 상속인이 됩니다.

그렇더라도 양도소득세는 납부할 금액이 없습니다. 상속받은 부동산의 평가금액인 40억 원이 상속인의 취득가액이 되므로 양도차익이 발생하지 않기 때문입니다.

상증세법 기본통칙 2-0…3 [부동산 매매계약 이행 중인 재산의 상속재산 포함 여부]
- 상속개시 전 피상속인이 부동산 양도계약을 체결하고 잔금을 받기 전에 사망한 경우에는 양도대금 전액(양도대금이 불분명한 경우 부동산을 이 법에 따라 평가한 가액으로 한다)에서 상속개시 전에 받은 계약금과 중도금을 뺀 잔액을 상속재산가액으로 함.
- 상속개시 전 피상속인이 부동산 양수계약을 체결하고 잔금을 지급하기 전 사망한 경우에는 이미 지급한 계약금과 중도금을 상속재산에 포함함.

3) 취득세

계약 중인 부동산에서 상속이 발생할 경우, 상속인은 취득세를 신고·납부해야 합니다. 원칙적으로 토지의 명의자가 없으면 미등기자산이 됩니다. 이 경우 미등기자산의 양도는 양도소득세 70% 중과세율 대상입니다.

다만, 앞서 사례와 같이 부동산 잔금 전 상속이 발생한 경우에는 상속인에 대한 상속등기를 거치지 않고 바로 매수인 앞으로 소유권이전등기를 할 수 있습니다. 중간생략 등기라고 합니다. 하지만 이런 경우에도 상속인에게 상속에 따른 취득세 납세의무는 있기 때문에 취득세 신고·납부를 해야 합니다.

즉, 형식적으로 제3자에게 바로 등기를 할 순 있지만 실질적으로 상속등기를 한 후에 제3자 이전등기를 한 것이니 상속등기에 대한 취득세를 신고·납부해야 하는 것입니다. 상속에 따른 취득세율은 일반 부동산의 경우 3.16%(농어촌특별세, 지방교육세 포함)입니다.

지방세법 운영예규 법 7-7 [상속에 따른 납세의무자]
매매계약 체결 후 잔금 지급이 이뤄지기 전에 매도인이 사망하고 매수인에게 소유권이전등기가 되는 경우에도 매도인의 상속인에게 상속에 따른 취득세 납세의무가 있다.

상속세가 많을 때
연부연납제도 활용하는 법

고령의 자산가들은 자산 구성 중 상당수가 부동산에 편중되어 있는 경우가 많습니다. 사전증여로 미리 상속재산을 줄이지 않았다면, 상속받는 자녀 입장에서도 납부해야 할 상속세가 상당히 부담스러울 수밖에 없습니다. 최근 삼성 이건희 회장 사망 후 납부해야 할 상속세가 12조 원에 달했는데, 결국 연부연납제도를 활용하게 됩니다.

상속세 납부세액이 많을 때 활용하는 연부연납제도, 신청하려면 어떤 요건을 갖춰야 할까요? 납부세액이 2천만 원을 초과해야 하고, 연부연납신청서를 제출해야 하며, 납세담보(토지, 건물, 납세보증보험증권 등)를 제공해야 합니다.

이때 연부연납신청서는, 상속세 또는 증여세 과세표준을 법정신고기한 이내에 자진신고하는 경우에는 신고기한까지 제출해야 하고 세액을 결정통지받았다면 결정통지에 의한 납세고지서 납부기한까지 제출해야 합니다.

🎯 연부연납 신청 시 제공해야 하는 납세담보는 무엇일까?

연부연납을 하고자 하는 자는 이에 상응하는 납세담보를 제공해야 합니다. 납세담보로 제공 가능한 자산은 금전, 상장주식, 수익증권, 양도성 예금증서, 부동산 등입니다.

납세담보를 제공할 때는 담보할 국세의 120% 상당의 담보를 제공해야 합니다. 현금, 납세보증보험증권, 은행 납세보증서의 경우에는 110% 상당의 담보만 제공해도 됩니다. 담보할 국세란 증여세 또는 상속세의 본세와 연부연납에 따른 이자세액을 합한 금액을 의미합니다.

🎯 납세담보를 제공하지 않았다면 어떻게 될까?

연부연납 허가에 필요한 납세담보를 제공하지 않았다는 이유로 연부연납을 허가하지 않는 건 적법하다(대전고법 2010누121, 2010.12.16.)는 판결이 있기 때문에 연부연납 신청이 거절될 수 있습니다. 세무서는 언제까지 연부연납 허가 여부를 통지해야 할까요?

만일, 해당 기간까지 허가 여부에 대해 서면통지를 하지 않았다면 허가를 한 것으로 봅니다. 연부연납은 10년(가업상속재산

> **TIP**
>
> ### 연부연납 허가기한
> ———
> 연부연납신청서를 받은 세무서장은 상속세 또는 증여세과세표준 신고기한이 경과한 날부터 법정결정기간(상속세는 6개월, 증여세는 3개월) 이내에 신청인에게 서면으로 허가 여부를 결정·통지해야 합니다.
>
> ### 연부연납 신청 가능 기간
> ———
> **기본:** 연부연납 허가일로부터 10년(2021년 12월 31일 이전, 5년)
> **가업상속재산:** 연부연납 허가일로부터 10년 또는 연부연납 허가 후 10년 되는 날로부터 10년[2022년 12월 31일 이전: 연부연납 허가일로부터 10년 또는 연부연납 허가 후 3년이 되는 날로부터 7년(상속재산 중 가업상속재산이 차지하는 비율이 50% 이상인 경우에는 연부연납 허가일로부터 20년 또는 연부연납 허가 후 5년이 되는 날로부터 15년)]
> **가업승계 증여특례:** 연부연납 허가일로부터 15년

▼ 납세담보

종류		담보의 평가	담보 제공가액	담보 제공방법	무담보 시 징수방법
금전		평가 불필요			직접 충당
	유가증권	한국거래소에 거래되는 것: 평가기준일 이전 2개월 동안의 최종 시세가액의 평균액과 평가기준일 이전 최근 일의 최종시세가액 중 큰 가액 기타: 평가기준일에 상증세법 시행령 제58조 제1항 제2호 준용 재산가액	현금, 납세보증보험증권 또는 은행 납세보증서는 110% 이상, 기타는 120% 이상	공탁하고 공탁수령증 제출 등록된 유가증권의 경우, 담보제공의 뜻을 등록하고 등록확인증 제출	압류 절차 없이 공매 충당
	납세보증보험증권	보험금액		납세보증보험증권 제출	보험회사에 보험금 지급 청구·충당
	납세보증보험증권 보증증권	보증금액		납세보증서 제출	납부 고지·독촉, 압류·공매 충당
	토지 건물	상증세법 제61조를 준용해 평가한 가액		등기필증 또는 등록필증 제 시 및 저당권 설정	압류 절차 없이 공매 충당
	공장재단·광업재단· 선박·항공기·건설기계	감정평가가액 또는 지방세법에 따른 시가표준액		건물 및 공장재단 등의 경 우, 화재보험증권 함께 제출	

164

은 10년 또는 20년) 기간의 범위에서 신청할 수 있으며, 각 회분의 분납세액이 1천만 원을 초과하도록 연부연납기간을 정해야 합니다. 그래서 만일 납부할 세액이 4,500만 원이라면 1회당 최소 1천만 원 이상 납부해야 하기 때문에 연부연납기간은 최대 3년이 됩니다.

🎯 연부연납제도에는 가산금이 있다

세금을 일정 기간 동안 지연해서 납부하기 때문에 그에 대한 이자를 부담해야 합니다. 다만, 이자율이 금융기관에서 대출받을 때의 금리보다는 낮기 때문에 상속세 납부재원이 부족할 때 연부연납제도를 활용하면 도움이 됩니다. 이때 가산율은 국세환급가산금의 이자율을 사용하며, 현재는 2.9%입니다. 그러나 2024년 3월 시행규칙 개정으로 3.5%로 인상될 예정입니다.

연부연납과 관련해 많이 궁금해하는 내용을 살펴볼까요?

Q1 연부연납기간 중에 부동산을 팔아 여윳돈이 생겼습니다. 중간에 다 갚을 수 있나요?

무조건 처음 신청한 연부연납기간에 맞춰 납부해야 하는 건 아니고, 이후 재산을 처분하거나 수입으로 여유가 생기면 연부연납세액의 일부 또는 전부를 일시납할 수 있습니다. 이 경우 연부연납가산금(이자)은 그날까지의 금액으로 계산해 납부합니다(참조: 상증세법 집행기준 71-67-4).

Q2 처음 제공한 담보물의 변경은 불가능한가요?

납세담보를 제공한 후 제공한 담보의 평가가치가 상승하면 납세담보 변경 신청이 가능하고, 반대로 납세담보물의 가치가 하락해 연부연납된 국세를 담보할 수 없다고 인정되면 담보물의 추가제공을 요청받을 수도 있습니다.

　납세담보를 제공한 부동산의 공시지가가 상승하면 납세자가 납세담보 변경 신청으로 담보물을 변경할 수 있습니다. 반대로 상장주식을 납세담보로 제공했다가 주가가 하락해 담보하는 국세보다 평가가치가 낮아지는 경우에는, 세무서로부터 담보 추가 제공을 요청받기도 합니다. 또한 연부연납기간이 지나가거나 연부연납세액의 전부 또는 일부를 일시납해 담보하는 국세가 줄어들면 제공한 담보물을 해지하거나 변경할 수 있습니다.

Q3 상속받은 재산 중에서만 납세담보를 제공해야 하나요? 가지고 있던 재산으로도 납세담보를 제공할 수 있나요?

반드시 상속받은 재산으로 납세담보를 제공해야 하는 건 아닙니다. 따라서 상속받은 재산 이외에 내가 보유하던 부동산으로 담보 제공을 해도 됩니다.

또한 상속인이 배우자와 3남매인데, 배우자가 아들에게 상속 지분을 다 넘겨 상속받은 재산이 없더라도 배우자의 재산으로 납세담보를 제공해도 아무런 문제가 없습니다.

Q4 연부연납할 때 특수관계인 소유재산을 납세담보로 제공하면 추가 증여세 이슈는 없을까요?

일반적으로 특수관계자로부터 무상 또는 저가로 담보를 제공받은 경우에는 상증세법 제42조에 따라 증여로 규정해 과세됩니다.

하지만 연부연납 시 특수관계자의 담보를 제공받더라도 증여세 과세대상으로 보지 않는 걸로 해석하고 있습니다.

기획재정부 재산세제과-158, 2018.02.27.
내국인이 상증세법 제71조에 따른 연부연납 시 특수관계인이 소유하는 재산을 납세담보 제공하는 것은 증여세 과세대상에 해당하지 아니하는 것임

서면법령해석재산2016-4248, 2018.03.07.
[제목] 연부연납 시 특수관계인 소유 재산을 납세담보로 제공하는 경우 증여세 과세 여부
[요약] 내국인이 상증세법 제71조에 따른 연부연납시 특수관계인이 소유하는 재산을 납세담보로 제공하는 것은 증여세 과세대상에 해당하지 아니하는 것임

상속재산분할
주요 이슈 BEST 5

상속 시 상속인 간 상속재산분할은 매우 중요한 사항입니다.

앞서 살펴본 것처럼, 배우자상속공제 등을 활용해 상속세를 줄일 수도 있지만 상속 이후 상속인들에게 발생할 수 있는 보유세, 양도소득세 등 다양한 세금에도 영향을 미치기 때문입니다.

각자 처한 상황으로 인해 상속재산을 종류별로 동일하게 받기보다 누구는 현금을 받길 원하고 누구는 부동산을 받길 원하기도 합니다.

얼마 전 아버지가 유고하셨고, 상속재산으로는 서울의 시가 20억 원짜리 아파트 한 채입니다. 상속인은 자녀 A, B분입니다. A는 무주택자여서 아파트를 받고 싶고, B는 서울에 이미 2주택을 보유 중이라 추가로 아파트 지분을 받게 되면 보유세 부담이 큰 상황이어서 아파트를 받고 싶지는 않지만 상속재산을 포기하고 싶지도 않은 상황입니다. 이 경우 어떻게 해결하는 게 좋을까요? A가 아파트를 상속받는 것으로 상속등기를 하고, B 몫에 해당하는 10억 원을 현금으로 줘도 문제는 없을까요?

상속재산분할과 관련해 발생할 수 있는 케이스를 살펴보도록 하겠습니다.

🎯 법정상속지분대로 상속재산을 최초협의분할하는 경우

이 경우는 상속세 신고기한 여부와 상관없이 증여세 이슈가 발생하지 않습니다.

🎯 최초협의분할 시 법정상속지분을 초과 취득하는 경우

상속개시 후 상속세 과세표준 신고기한 이내 또는 이후에 최초 협의분할에 의한 상속등기 등을 할 때 특정상속인이 법정상속분을 초과해 재산을 취득하더라도, 증여세는 부과되지 않습니다.

따라서 상속개시 후 최초 협의분할 등기를 하는 경우라면 분할 시기와 지분비율에 상관없이 증여세 이슈는 없다고 할 수 있습니다.

▶ 최초협의분할 시

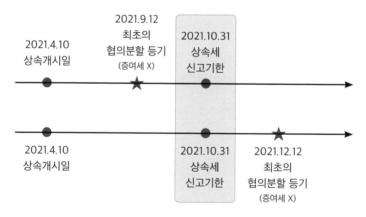

상증, 서일46014-10487, 2001.11.21.
[제목] 협의분할에 의해 소유권이 이전되는 부분에 대해 증여세가 과세되는지 여부
[요지] 상속개시 후 최초로 공동상속인 간에 협의분할할 때, 특정상속인이 법정상속분을 초과해 재산을 취득하더라도 증여세는 과세하지 아니함

🎯 상속등기 후 재협의분할하는 경우

상속개시 후 상속재산에 대해 등기, 등록, 명의개서 등으로 각 상속인의 상속분이 확정되면, 이후 상속인들 간 논쟁으로 재협의분할하는 경우 특정상속인이 당초 상속분을 초과해 취득하는 재산은 상속분이 감소한 상속인으로부터 증여받은 것으로 규정해 증여세를 과세합니다.

다만, 상속세 과세표준 신고기한 내에 재협의분할을 한 경우 이미 등기를 했더라도 증여세를 부과하지 않습니다(상속세 신고기한은 상속개시일이 속하는 달의 말일로부터 6개월 이내).

예를 들어 상속개시일이 4월 10일이고 상속재산이 토지 10억 원, 주택 10억 원, 금융재산 10억 원이라고 가정했을 때, 자녀 세 명의 상속인이 법정지분대로 공동 지분 등기를 했는데 향후 관리 처분이 복잡해질 걸 생각해 각각 토지, 주택, 금융재산을 10억 원씩 가져가는 것으로 재협의를 할 수 있습니다.

▶ 재협의분할 시

▶ 증여세 과세대상 여부

구분		증여세 과세대상 여부
원칙		재협의분할 결과 특정상속인의 지분이 증가함에 따라 취득하는 재산은 지분이 감소한 상속인으로부터 증여받은 재산으로 본다.
상속세 신고기한 내 재협의분할		상속세 신고기한 내 재협의분할에 의해 지분이 초과되는 경우 취득하는 재산은 증여재산으로 보지 않는다.
재분할 사유가 정당한 경우	법원 판결	상속회복청구의 소에 의한 법원의 확정판결에 의해 상속인 및 상속재산에 변동이 있는 경우 증여재산으로 보지 않는다.
	채권자 대위권 행사	피상속인의 채권자가 대위권을 행사해 공동상속인들의 법정상속분대로 등기 등이 된 상속재산을 상속인 사이에 협의분할에 의해 재분할하는 경우, 당초 지분보다 초과하는 자가 취득하는 재산은 증여재산으로 보지 않는다.
	물납 관련	상속세 신고기한 이내에 상속세를 물납하기 위해 법정상속분으로 등기 등을 해 물납을 신청했다가 물납허가를 받지 못하거나 물납재산의 변경 명령을 받아 당초 물납재산을 상속인 간의 협의분할에 의해 재분할하는 경우, 당초 지분보다 초과하는 자가 취득하는 재산은 증여재산으로 보지 않는다.

이때, 재협의분할 시기가 상속세 신고기한 이내라면 증여세 이슈가 없지만, 신고기한 경과 후라면 증여세가 발생합니다. 또한 상속재산 분쟁 등으로 법원 판결에 의해 상속인 및 상속재산에 변동이 생기는 경우처럼 재분할 사유가 정당하면 기한에 관계없이 재분할에 따른 상속재산 변동을 증여로 보지 않습니다.

🎯 공동상속인 중 1인이 상속재산을 초과해 협의분할로 채무를 부담한 경우

상속은 피상속인의 자산뿐만 아니라 채무도 물려받습니다. 이때 특정상속인이 본인의 상속재산을 초과해 채무를 인수하는 경우에는 다른 상속인에게 증여한 것으로 봅니다.

예를 들어 부친 사망 시 모친은 자산을 상속받지 않고 금융채무(은행 차입금 등)만 상속받는다면, 모친이 자녀들에게 해당 부채만큼 증여한 것으로 보는 것입니다.

> 서면4팀-1542, 2006.06.01.
> [제목] 상속재산 협의분할 시 증여세 과세 여부
> [요약] 상속개시 후 최초로 공동상속인 간에 상속재산을 협의분할함에 있어 상속인 중 1인이 그가 상속받은 재산가액을 초과하는 채무를 인수함으로써 다른 상속인이 얻은 이익에 대해서는 증여세가 과세됨

🎯 상속지분 포기 대가로 현금을 지급받은 경우

상속재산 협의분할 시 특정상속인이 자신의 상속지분을 포기하고 대가로 다른 상속인으로부터 현금 등을 수령한 경우, 그 상속인의 지분에 해당하는 재산은 다른 상속인에게 유상으로 이전된 것으로 봅니다.

즉, 상속재산이 특정 부동산 하나만 있는 상황에서 상속인 중 한 명이 부동산을 상속받고 그가 지분을 포기한 다른 상속인에게 지분에 해당하는 만큼의 현금을 주면, 증여가 아니라 현금을 받고 해당 지분을 넘겼다고 해석해 양도로 보는 것입니다.

그럼 양도 시기는 언제로 봐야 할까요?

양도란 자산에 대한 등기 또는 등록과 관계없이 매도·교환 등으로 그 자산이 유상으로 이전된 것을 말합니다.

따라서 양도 시기는 포기한 상속지분 부동산에 대한 대금을 청산한 날을 원칙으로 하나 대금청산 전에 소유권이 이전등기되었다면 등기접수일을 예외적으로 인정합니다.

앞서 사례처럼 동생에게 절반에 해당하는 10억 원을 지급하기로 약속했다면 동생의 상속지분이 대가성을 갖고 A에게 이전된 것이기 때문에 '양도'에 해당하며, A가 현금을 지급하기 전에 먼저 소유권이전등기를 마쳤으므로 양도 시기는 등기 접수일이 됩니다.

아파트의 경우 유사매매사례가액이나 감정평가한 가액을 기준으로 상속세를 신고하는 경우가 대부분이기 때문에 양도하는 자산의 취득가와 양도가가 차이를 보이지 않는 경우가 많아 문제 없지만, 단독주택이나 빌라처럼 공시지가로 상속세 신고를 한 자산이라면 실제 양도한 대가의 적정성에 따라 부당행위계산부인 규정이 적용될 수 있으니 주의해야 합니다.

상속세를 부과하는 가격(공시지가)과 현금으로 수령하는 가액이 5% 이상 차이가 발생할 경우 양도소득세(부당행위계산부인 규정)가 추가적으로 발생할 수 있기 때문입니다.

또한 동생이 상속을 포기하고 지급받은 현금이 상속 신고기한인 6개월 이내에 지급되어야 합니다. 상속 신고기한이 지난 후 현금이 지급되면, 상속포기에 해당하는 현금이더라도 동생포기분 상속분에 대한 증여세를 납부하고 현금을 A가 동생에게 줬기 때문에 현금에 대한 증여세가 다시 과세될 수 있습니다.

금융거래내역으로
조사하고 추징하는 상속세

상속이 발생하면, 피상속인 사망 당시 금융계좌 잔액과 재산을 기준으로 상속세를 납부하는 것만으로 마무리되지 않습니다. 상속세 신고 후 과세관청의 검증이 반드시 이뤄집니다. 가장 기본적으로 확인하는 내용은, 고인의 금융거래내역 중 증여세 신고 없이 자녀와 배우자에게 흘러들어간 내역과 거액의 현금 인출금액 등입니다. 따라서 상속세 조사는 과거 가족 간 금융거래내역 검토에서 시작된다고 할 수 있습니다.

국세청에서 상속세 조사 시 금융거래내역을 어떻게 조사하고 추징하는지 알아보겠습니다.

🎯 지난 10년간 가족에게
증여한 내역이 있는지 확인한다

사례 🔍✓

    E 씨는 최근 아버지의 상속세 신고를 위해 본인과 아버지의 지난 10년간 금융거래내역을 확인하고 있습니다. 대부분의 퍼즐은 맞췄지만 아무리 따져봐도 2억 원의 행방이 묘연합니다. 8년 전 전세금 2억 원이 부족해 아버지로부터 이체받은 내역은 있는데, 그가 다시 갚은 내역을 찾을 수 없는 것입니다.

    상속세는 피상속인 사망 시점의 재산만을 가지고 계산하지 않습니다. 상속개시일 이전 10년 내 상속인에게 증여한 재산과 5년 내 상속인 외의 자에게 증여한 재산을 합산합니다. 이 기간 동안 증여세 신고 없이 자녀에게 몰래 준 금액이 상속세 세무조사 과정에서 밝혀지면, 가산세를 포함해 증여세를 과세하고 상속세에 합산해 다시 과세합니다.

    국세청은 상속세 조사 시 피상속인과 상속인의 10년간 금융거래내역으로 재산 증감 내역을 분석해 증여로 추정할 만한 거래를 파악합니다. 피상속인과의 직접적인 자금거래내역, 피상속인이 상속인의 전세금 또는 부동산 취득대금, 신용카드대금 등을 대신 지불한 내역 등에 대해 상속인에게 소명을 요구합니다.

앞서 사례의 E 씨처럼 피상속인으로부터 이체된 금액에 대해 차용증 등의 증빙으로 가족에게 빌려준 돈으로 소명할 수 없다면, 8년 전 2억 원의 증여세 신고를 누락한 것으로 규정해 미신고 증여세, 증여세에 대한 가산세(무신고가산세, 납부지연가산세)를 추징하고 상속일 이전 10년 내 증여에 대해 상속재산으로 다시 합산해 상속세를 계산합니다. 직접 증여가 확인되는 경우뿐 아니라, 피상속인 계좌에서 현금으로 인출해 상속인의 계좌로 입금한 거래도 돈의 흐름이 파악된다면 증여로 봅니다. 현금 입출금 거래는 금융기관으로부터 피상속인과 상속인 계좌를 엑셀 파일로 받아 손 쉽게 확인할 수 있습니다.

🎯 지난 2년 내 소명하지 못한 출금내역은 상속세로 과세된다

사례

F 씨는 어머니 사망 후 상속세 신고를 위해 상속재산을 정리하던 중 어머니가 사망하기 6개월 전에 3억 원짜리 아파트 한 채를 처분하고 은행 예금에서 1억 원을 인출한 사실을 알게 되었습니다. 그러나 아파트 처분대금과 예금 인출대금을 어떻게 사용했는지 알 수가 없는데, 상속세 신고를 할 때 어떻게 해야 할까요?

상속세 조사 시 과거 10년 동안의 금융거래내역에서 피상속인이 상속인들에게 직접 증여한 내역이 있는지 확인하는 게 국세청의 역할이라면, 상속인에겐 과거 2년 내 금융거래에서 상속인에게 현금 인출된 내역에 대해 사용처를 소명해야 하는 의무가 있습니다.

상속세는 고인에게서 물려받은 재산에 대해서만 납부하는 게 원칙이지만, 고인의 생전 재산 가운데 사용 용도를 객관적으로 밝히지 못하는 부분이 있다면 그 재산 역시 상속받은 것으로 추정하는데 이를 '추정상속재산'이라고 합니다. 상속개시일 이전 2년 이내에 고인이 재산을 처분하거나 예금에서 인출 또는 채무를 부담한 금액이 용도가 객관적으로 명백하지 않은 경우를 말합니다. 예컨대 고인의 통장에 있던 돈이 갑자기 사라지고 가족들이 어디 썼는지 입증하지 못한다면, 그 돈이 현금으로 자녀에게 상속되었다고 규정해 세금을 물립니다.

상속개시일 이전 1년 이내에 2억 원, 상속개시일 이전 2년 이내에 5억 원 이상인 경우 추정상속재산 조사 대상이 됩니다. 이때 1년 내 2억 원, 2년 내 5억 원의 기준은 재산의 처분 및 현금 인출금액과 채무부담액으로 구분하고, 재산 처분액은 현금·예금 및 유가증권, 부동산 및 부동산에 관한 권리, 기타재산으로 구분해 각각 판단합니다.

▶ 추정상속재산 조사 대상

구분	추정상속재산 조사 대상

재산처분·인출액	피상속인이 재산을 처분하거나 피상속인의 재산에서 인출한 금액이 다음 중 어느 하나에 해당하되 용도가 객관적으로 명백하지 않은 경우
	- 상속개시일 이전 1년 내에 재산종류별로 계산해 2억 원 이상인 경우
	- 상속개시일 이전 2년 내에 재산종류별로 계산해 5억 원 이상인 경우
	
	* 재산종류별 구분
	  가. 현금·예금 및 유가증권(상품권 포함)
	  나. 부동산 및 부동산에 관한 권리
	  다. 그 외의 기타재산

채무부담액	피상속인이 부담한 채무의 합계액이 다음 중 어느 하나에 해당하되 용도가 객관적으로 명백하지 않은 경우 - 상속개시일 이전 1년 내에 2억 원 이상인 경우 - 상속개시일 이전 2년 내에 5억 원 이상인 경우

추정상속재산 조사 대상이 되면 국세청으로부터 소명 요구를 받습니다. 신용카드 사용, 세금 납부, 관리비 납부 등 파악 가능한 사용처를 제외한 나머지에 대해 소명해야 합니다.

이때, 고인이 생전 지출한 모든 사용처를 남은 상속인이 완벽하게 입증하는 건 무리가 있기에 상속추정 대상 금액의 20%와 2억 원 중 작은 금액은 소명하지 않아도 인정합니다.

앞서 사례 F 씨의 경우 예금인출한 1억 원은 사망하기 전 1년 이내 2억 원 미만에 해당하므로 사용처 소명 대상이 아니

나, 부동산처분금액인 3억 원은 사망하기 전 1년 이내 2억 원 이
상이므로 추정상속재산에 해당합니다.

만약 부동산처분금액 3억 원 중 1억 원만 용도가 입증되고
나머지 2억 원의 사용처를 소명하지 못했다면, 처분금액 3억 원
중에 용도 입증 금액인 1억 원과 재산처분액의 20%인 6천만 원
을 제외한 나머지 1억 4천만 원에 대해 상속재산으로 합산해 상
속세를 과세합니다.

◎ 금융거래 조사에 대비해 준비할 것

'안심상속 원스톱 서비스'로 상속인은 고인의 부동산과 금융재
산을 보다 쉽게 파악할 수 있습니다. 반면 국세청 역시 상속재산
에 대한 전산 조회가 가능하며, 상속세 조사는 피상속인의 10년
이내 부동산 매매, 금융거래뿐만 아니라 상속인 간의 거래 등에
대해 광범위하게 이뤄집니다.

상속세 조사 과정에서 고인이 인출한 현금을 어디에 썼는지 소명하는 일은 순전히 상속인들의 몫입니다. 고인이 생전에 준비해두지 않았다면 입증이 쉽지 않을 것입니다.

가족 생활이 세분화되어 부자지간이나 부부지간에도 재산 상황을 잘 모르는 경우가 많습니다. 고인이 재산을 처분하거나 채무를 부담한 사실조차도 모르는 경우가 많고, 현금을 무슨 용도로 사용했는지도 모르는 경우가 많습니다.

억울하게 사라진 재산에 세금을 물리는 경우를 막으려면, 고인 생전에 쓴 목돈의 사용처를 상속인이 알 수 있도록 준비할 필요가 있습니다.

3장

합법적으로
덜 내는
증여세
절세 노하우

신설된
혼인·출산 증여재산공제

2022년 통계청 자료에 따르면 대한민국의 2022년 혼인율은 19만 건으로 전년 대비 800건 낮아졌고, 이는 10년 전의 60% 수준에도 못 미치고 있습니다. 결혼 인구가 줄어들면 자연스럽게 출생률도 낮아집니다. 2023년 10월 출생아 수는 18,904명으로 전년 대비 약 8% 감소했고, 2019년 대비 26% 하락했습니다.

▶ 혼인 건수 및 조혼인율 증감 추이

* 출처: 통계청

▶ 출생아·사망자 수 증감 추이

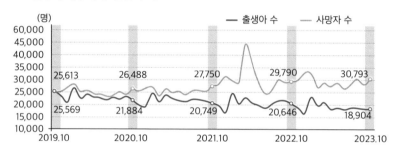

정부는 혼인 및 저출산 문제를 해결하기 위해 혼인 또는 출산에 따른 증여재산공제를 2024년부터 새롭게 도입하기로 결정했습니다.

신설되는 공제는 1억 원으로, 기존의 성년 직계비속 5천만 원 공제에 신설 1억 원을 더하면, 총 1억 5천만 원까지 증여세 부담 없이 받을 수 있습니다. 직계비속 부부가 양가의 직계존속으로부터 각각 증여받으면, 총 3억 원까지 세금 없이 받을 수 있게 됩니다.

1) 혼인 증여재산공제

거주자인 직계비속이 혼인 전후 2년 내에 직계존속으로부터 증여받으면 1억 원의 증여재산공제가 가능합니다. 이는 세법상 거주자의 경우만 해당하므로, 수증자가 비거주자라면 공제받을 수 없습니다. 이때 직계존속에는 부모뿐만 아니라 조부모도 포함되며, 세법상 혼인일은 결혼식 날이 아닌 혼인신고일을 의미합니다. 또한 초혼뿐만 아니라 재혼의 경우에도 동일하게 1억 원까지 혼인 증여재산공제가 가능합니다.

다만, 혼인 전에 증여받은 자녀가 증여일로부터 2년 이내에 혼인하지 않은 경우 증여일로부터 2년이 되는 날이 속하는 달의 말일로부터 3개월이 되는 날까지 수정신고 또는 기한후신고를 해야 합니다. 이 경우 가산세는 면제되지만 납부지연에 따른 이자상당액은 부과됩니다.

2) 출산 증여재산공제

거주자가 직계존속으로부터 자녀의 출생일로부터 2년 이내에 직계존속으로부터 증여를 받는 경우에도 1억 원을 증여세 과세가액에서 공제할 수 있습니다. 출산공제는 미혼출산의 경우도 혜택을 받을 수 있으며, 입양의 경우에도 동일하게 혜택을 받을 수 있습니다. 이때 출생일이란 출생신고일, 입양신고일을 의미합니다. 출산 증여재산공제는 태어난 손자 또는 증손자에게 증여하는 것이 아닌, 출산을 한 자녀 또는 손자에게 증여해야 공제가 가능합니다.

혼인·출산 증여재산공제는 각각 1억 원씩 공제가 아니라 통합해 1억 원의 한도까지 세금 없이 줄 수 있습니다. 또한 현금, 부동산, 주식 등 증여재산의 형식을 제한하지 않으며, 증여 자금의 사용도 자유롭게 할 수 있습니다. 본 규정은 2024년 증여분부터 적용되기 때문에, 이미 결혼식은 했지만 혼인신고를 하지 않았거나, 작년에 혼인신고를 했거나 출산을 한 경우에도 증여가 2024년에 이루어진다면 공제 적용이 가능합니다. 따라서 양가에서 각각 자신의 자녀에게 결혼 또는 출산에 따른 증여를 한다면 최대 2억 원까지 증여재산공제가 가능합니다. 기존에 10년 증여재산공제를 받지 않았다면, 최대 3억 원까지 증여세 없이 부모의 자금을 활용할 수 있습니다.

🎯 혼인·출산공제 신설 관련 주요 Q&A

Q1 2022년에 혼인한 경우에도 공제가 적용되나요?

혼인신고일 후 2년 이내 증여받았다면 가능합니다. 예를 들어 2022년 7월 1일 결혼했다면(혼인신고) 2024년 7월 1일까지 증여받은 경우에는 적용 가능합니다.

Q2 2022년에 혼인해 2023년에 1억 원을 증여받고 증여세를 납부했는데, 환급도 가능한가요?

2024년 1월 1일 이후 증여받는 분부터 적용되므로, 이전에 증여받은 분에 대해서는 적용되지 않고, 환급도 불가능합니다.

Q3 초혼이 아닌 재혼이라도 혼인 증여공제 혜택을 받을 수 있나요?

가능합니다. 현행 세법상 결혼 전후 2년 내에 대한 규정만 있을 뿐, 재혼에 대한 제한은 따로 없습니다.

Q4 결혼자금으로 1억 원을 한꺼번에 증여받는 경우에만 적용되나요?

혼인신고일 전후 2년(총 4년) 동안 증여받은 자금의 합계액을 공제하므로 나누어서 증여받는 경우에도 가능합니다.

Q5 혼인신고일 후 2년이 지나서 증여받는 경우에는 적용받을 수 없나요?

혼인신고일 전후 2년 외의 기간 중에 증여받는 경우에는 기본공제 5천만 원까지만 공제가 가능합니다.

Q6 혼수용품은 증여세 비과세되는 것으로 알고 있는데, 명확한 기준이 있나요?

판례와 해석에 따라 개별 사안별로 사실 판단하고 있습니다. 원칙적으로 냉장고, 세탁기 등과 같이 일상생활에 필요한 혼수용품은 비과세되며, 호화 사치품의 경우 과세 대상입니다.

Q7 결혼 예정인 신혼부부가 증여받은 후 파혼한다면 어떻게 되나요?

파혼 사유가 발생한 달의 말일부터 3개월 이내 증여자에게 반환하면 처음부터 증여가 없었던 것으로 봅니다. 다만, 반환하지 않는 경우 증여일로부터 2년이 되는 날이 속하는 달의 말일부터 3개월이 되는 날까지 수정신고(기한후신고)를 하면 본세와 이자상당액을 부담해야 하지만, 가산세는 면제됩니다.

Q8 증여받은 후 2년 이내 혼인해 공제를 적용받았으나, 이후에 이혼한 경우에도 당초 받은 공제가 유지되나요?

증여받은 자금을 혼인자금으로 사용한 이후에 혼인관계를 유지하지 못하고, 이혼한 경우에도 별다른 제재 없이 공제 가능합니다. 다만, 조세회피 목적으로 증여받은 후 이혼한 것이 확인된다면 공제를 적용받을 수 없습니다.

Q9 할아버지와 아버지로부터 동시에 증여를 받아도 혼인·출산 증여공제 혜택을 받을 수 있나요?

가능합니다. 할아버지와 아버지 모두 직계존속에 해당하기에 조부모와 부모로부터 받는 금액은 합산해 1억 원까지 공제 가능합니다.

Q10 장인 또는 장모, 혹은 시부모로부터 받는 증여도 혼인·출산 증여공제 혜택을 받을 수 있나요?

불가능합니다. 단, 혼인신고 후 증여라면 기타 친족의 증여공제 한도로 부부가 1천만 원씩 가능합니다.

증여세과세표준신고 및 자진납부계산서
(기본세율 적용 증여재산 신고용)

[ ]기한 내 신고 [ ]수정신고 [ ]기한 후 신고

관리번호	-

※ 뒤쪽의 작성방법을 읽고 작성하시기 바랍니다. (앞쪽)

수증자	① 성 명		② 주민등록번호		③ 거 주 구 분 [ ] 거주자 [ ]비거주자
	④ 주 소				⑤ 전자우편주소
	⑥ 전화번호 (자택)		(휴대전화)		⑦ 증여자와의 관계
증여자	⑧ 성 명		⑨ 주민등록번호		⑩ 증 여 일 자
	⑪ 주 소				⑫ 전 화 번 호 (자택) / (휴대전화)
세무대리인	⑬ 성 명		⑭ 사업자등록번호		⑮ 관 리 번 호
	⑯ 전화번호 (사무실)				(휴대전화)

구 분	금 액	구 분	금 액
⑰ 증 여 재 산 가 액		㊳ 박물관자료 등 징수유예세액	
⑱ 비 과 세 재 산 가 액		세 액 공 제 합 계 (㊵ + ㊶ + ㊷ + ㊸)	
과세가액 불산입	⑲ 공익법인 출연재산가액 (「상속세 및 증여세법」 제48조)		세액공제	㊵ 기 납 부 세 액 (「상속세 및 증여세법」 제58조)	
	⑳ 공익신탁 재산가액 (「상속세 및 증여세법」 제52조)			㊶ 외국납부세액공제 (「상속세 및 증여세법」 제59조)	
	㉑ 장애인 신탁재산가액 (「상속세 및 증여세법」 제52조의2)			㊷ 신 고 세 액 공 제 (「상속세 및 증여세법」 제69조)	
㉒ 채 무 액			㊸ 그 밖의 공제·감면세액	
㉓ 증여재산가산액 (「상속세 및 증여세법」 제47조제2항 상증법 53의21항)		㊹ 가업승계 납부유예 세액	
㉔ 증 여 세 과 세 가 액 (⑰-⑱-⑲-⑳-㉑-㉒+㉓)		㊺ 신 고 불 성 실 가 산 세	
증여재산공제	㉕ 배 우 자		㊻ 납 부 지 연 가 산 세	
	㉖ 직 계 존 비 속		㊼ 공익법인 등 관련 가산세 (「상속세 및 증여세법」 제78조)	
	㉗ 그 밖의 친족		자진납부할 세액 (합계액) (㊱+㊲-㊳-㊴-㊹+㊺+㊻+㊼)	
	㉘ 혼 인		납부방법	납부 및 신청일
	㉙ 출 산		㊽ 연 부 연 납	
㉚ 재 해 손 실 공 제 (「상속세 및 증여세법」 제54조)		현금	㊾ 분 납	
㉛ 감 정 평 가 수 수 료			㊿ 신고납부	
㉜ 과 세 표 준 (㉔-㉕-㉖-㉗-㉘-㉙-㉚-㉛)		「상속세 및 증여세법」 제68조 및 같은 법 시행령 제65조제1항에 따라 증여세의 과세가액 및 과세표준을 신고하며, 위 내용을 충분히 검토하였고 신고인이 알고 있는 사실을 그대로 적었음을 확인합니다.	
㉝ 세 율			
㉞ 산 출 세 액		년 월 일 신고인 (서명 또는 인)	
㉟ 세 대 생 략 가 산 액 (「상속세 및 증여세법」 제57조)		세무대리인은 조세전문자격자로서 위 신고서를 성실하고 공정하게 작성하였음을 확인합니다.	
㊱ 산 출 세 액 계 (㉞ + ㉟)		세무대리인 (서명 또는 인)	
㊲ 이 자 상 당 액		세무서장 귀하	

신고인 제출서류	1. 증여재산 및 평가명세서(부표) 1부 2. 채무사실 등 그 밖의 입증서류 1부	수수료 없음
담당공무원 확인사항	1. 주민등록표등본 2. 증여자 및 수증자의 관계를 알 수 있는 가족관계등록부	

행정정보 공동이용 동의서

본인은 이 건 업무처리와 관련하여 담당 공무원이 「전자정부법」 제36조제1항에 따른 행정정보의 공동이용을 통하여 위의 담당 공무원 확인 사항을 확인하는 것에 동의합니다. ＊ 동의하지 않는 경우에는 신청인이 직접 관련 서류를 제출하여야 합니다.

신고인 (서명 또는 인)

210mm×297mm[백상지 80g/㎡]

■ 상속세 및 증여세법 시행규칙 [별지 제10호서식 부표 3] <신설 2024. 00. 00.>

| 관리번호 | - | | **혼인 및 출산 증여재산 공제 명세서** |

① 혼인 증여재산 공제

수증자의 혼인신고(예정)일						
증 여 일						㉠ 합 계
증여재산가액						

② 출산 증여재산 공제

수증자의 자녀 출생일 또는 입양일						
증 여 일						㉡ 합 계
증여재산가액						

③ 증여재산가액 총합계(㉠+㉡)

③ 증여재산가액 총합계(㉠+㉡)		
㉢ 증여재산 공제가 적용되는 가액 (1억원 한도)	기존에 공제받은 금액	
	공제받을 금액	
㉣ 증여재산 공제가 적용되지 않는 가액(1억원을 초과하는 가액)		

첨부서류	1. 혼인관계증명서 또는 출생신고서 2. 혼인예정인 경우에는 혼인을 입증할 수 있는 서류	수수료 없 음

작성방법

1. "① 혼인 증여재산 공제"는 「상속세 및 증여세법」 제53조의2 제1항에 따라 혼인일 전후 2년 이내 과세되는 증여재산가액을 적습니다.
2. "② 출산 증여재산 공제"는 「상속세 및 증여세법」 제53조의2 제2항에 따라 출생일 또는 입양일부터 2년 이내 과세되는 증여재산가액을 적습니다.
3. "③ 증여재산가액 계"란은 ㉠과 ㉡ 합계액을 적고, 공제가 적용되는 가액과 공제가 적용되지 않는 가액을 나누어 적습니다.
4. "㉢ 증여재산 공제가 적용되는 가액"을 별지 제10호서식 ㉘ 또는 ㉙에 적습니다.

210㎜×297㎜[백상지 80g/㎡]

증여세 없이
자녀 집 마련하기

최근 주택 가격이 끝을 모르고 오르고 있습니다. 이제 막 취업한 자녀, 결혼을 앞두고 있는 자녀를 둔 부모는 걱정이 많습니다. 자녀들이 직장에서 받는 월급만으로는 내 집 한 채 장만하기가 어려운 세상이 되었기 때문입니다.

이런 현실 속에서 자녀에게 집을 마련해주고 싶은 부모가 도움을 줄 수 있는 방법이 있을까요?

🎯 부모 자식 간 금전거래, 증여일까?

국세청에서는 기본적으로 가족 간 금전거래를 증여로 추정합니다. 그럼에도 불구하고, 우리는 왜 이런 거래에 관심을 갖고 실행하는 걸까요?

자녀가 집을 구입하려는데 3억 원이 부족하다고 가정해보겠습니다. 부모가 자녀에게 현금 3억 원을 증여하면 될까요? 그렇지 않습니다. 3억 원을 증여하면 자녀가 증여세를 납부해야 합니다. 증여세는 수증자가 납부해야 하기 때문에, 증여세만큼의 추가 자금이 더 필요합니다. 자녀가 안정적인 소득활동을 하고 있다면, 다른 방법이 있습니다.

다음의 사례들로 살펴보도록 하겠습니다.

결혼하면서 아파트를 구입하려는 A 씨, 은행 대출과 월급을 모두 모아도 3억 원이 부족합니다.

부모님께 부족한 자금을 빌려도 될까요? 부모와 자식 간에 돈을 빌리거나 빌려줄 수 있습니다. 다만, 이런 경우 이자를 받지 않는 게 일반적이지요.

그럼 세법적으로 어떤 문제가 발생할까요? 세법에서는 이렇게 규정하고 있습니다.

"타인(특수관계인 포함)으로부터 금전을 무상으로 또는 적정 이자율보다 낮은 이자율로 대출받은 경우에는 받지 않은 이자상당액을 빌린 사람의 증여재산가액으로 본다."

이때 세법에서 정한 적정 이자율은 4.6%이기 때문에 '빌린 돈×4.6%'만큼의 이자를 받아야 합니다. 다만, 세법에서 정한 이자와 실제로 주고받는 이자의 차이가 연 1천만 원이 되지 않으면 증여로 보지 않습니다.

사례로 돌아가 볼까요? 부모님으로부터 3억 원을 무이자로 빌리면, 3억 원×4.6%에 해당하는 이자 1,380만 원을 매년 증여하게 됩니다. 하지만 만약 부모님께 매년 1.6%의 이자를 지급한다면 세법에서 정한 이자와의 차이가 900만 원(3억 원×(4.6%-1.6%))으로 연 1천만 원이 되지 않기 때문에 증여세 과세 대상이 되지 않습니다.

첨언하자면, 차용증도 만들어 놓는 게 좋습니다. 세법에서는 원칙적으로 부모 자식 간 금전 대여는 증여로 추정합니다. 이를 증여가 아닌 금전대차임을 입증할 책임은 납세자에게 있습니다. 차용증을 만들고 확정일자나 공증을 받아 놓은 뒤 이자 및 원금 상환 등 계좌이체한 거래내역을 만들어 놓으면, 객관적으로 빌린 자금이라는 걸 증명할 수 있습니다.

🎯 자녀의 부모 예금 담보 대출, 증여일까?

아파트를 구입하는 데 자금이 3억 원 정도 부족한 B 씨. 은행에 아버지 명의로 예금 5억 원이 있는데 이 돈을 담보로 B 씨가 대출을 받아도 문제가 없을까요?

　부모 자식 간 금전거래와 마찬가지로 부모의 재산을 담보로 제공받아 금융기관으로부터 금전 등을 차입하는 경우 또한 증여세 과세대상이 됩니다. 다만, 이 경우도 증여재산가액이 1천만 원 미만이면 과세대상에서 제외됩니다.

　따라서 이 사례도 3억 원×(4.6%-금융기관 이자율)이 1천만 원이 안 되게 만들면, 증여세 이슈에서 벗어날 수 있습니다.

🎯 부모 명의 집에 무상 거주, 증여일까?

자녀교육 문제로 강남에 거주하기를 희망하는 C 씨. 마침, 부친 명의의 빌라가 한 채 있어 거주하려고 합니다. 이럴 경우에도 증여세를 내야 할까요?

　부모 소유의 부동산에 자녀가 무상으로 거주하는 경우도 원칙적으로는 증여에 해당합니다. 이를 '부동산 무상 사용에 따른 증여이익'이라고 하는데요.

대여금에 대한 이자는 세금이 없을까?

소득을 지급할 때 먼저 일부 소득세를 떼고 지급하는 것을 원천징수라고 합니다. 금융기관으로부터 이자 또는 배당을 받을 때는 15.4%의 원천징수 후 나머지를 수령합니다.

특수관계자 간의 금전대차거래는 어떨까요? 세법에서는 개인 간 차용에 따른 대여금을 '비영업대금이익'이라고 합니다. 이때는 15.4%가 아닌 27.5%로 원천징수해야 합니다. 즉, 돈을 빌린 자녀가 부모에게 이자를 지급할 때 이자금액의 원천징수 27.5%를 떼고 송금해야 하고, 원천징수한 세액을 다음 달 10일까지 세무서에 신고·납부해야 합니다. 더불어, 이자를 수령한 부모는 대여금 이자를 포함한 금융소득이 연 2천만 원을 초과하면 종합소득세 합산과세로 신고해야 합니다.

과거에는 개인 간 금전거래에 있어 이자소득을 과세하는 경우가 많지 않았으나, 최근에는 이자소득 신고 누락으로 추징되는 경우가 자주 있으므로 주의해야 합니다.

* 가족 간 차입금으로 자금을 조달하는 경우 Check List
- 사전에 차용증 작성 후 확정일자 또는 공증 받아두기
- 법정이자(4.6%)와 실제 지급 이자와의 차이가 연 1천만 원을 넘지 않도록 이자율 설정
- 연 2억 원 미만이더라도 최소한의 이자는 주고받을 것
- 차입기간은 장기보다는 3~5년 단위로 작성해 재연장하고, 일부라도 상환하는 거래를 남기는 게 좋음
- 소득이 없거나 미성년 자녀에게 대여는 금전대차로 인정하지 않으니 주의 필요
- 자금조달계획서에 차입으로 신고한 경우에는 원금 상환에 대해 사후관리되니 주의 필요
- 부모가 대여하는 자금에 대해 자금출처조사가 나올 가능성이 있으므로 부모 역시 출처가 명확한 자금을 사용

다만, 무조건 증여로 보는 게 아니라 '5년간 부동산 무상 사용이익'이 1억 원 이상인 경우에 한해 과세되며 계산식은 '부동산가액×2%×3.79079'입니다. 3.79079는 5년간의 부동산 무상 사용이익을 현재 가치로 할인하는 연금현가계수입니다. 역산하면 약 13억 원 이하의 주택에 자녀가 무상으로 거주하는 경우, 증여세 과세대상이 되지 않습니다.

차용증, 제대로 알고 준비하기

금융기관에서 가장 많이 상담하는 내용 중 하나가 가족 간 차용증 작성법입니다. 증여로 과세되지 않으면서 자녀에게 자금을 빌려줄 때, 차용증 작성과 관련해 많이 물어오는 질문을 모아봤습니다.

🎯 2억 원 빌리면 이자 지급 안 해도 될까?

세법에서는 특수관계자를 포함한 타인으로부터 금전을 무상으로 또는 적정 이자율보다 낮은 이자율로 대출받음으로써 이익을 얻었다면 그 이익만큼을 증여로 봅니다. 다만, 이익이 1천만 원 미만인 경우는 예외적으로 증여로 보지 않습니다. 2억 원을 부모님으로부터 빌린다면 어떻게 될까요? 증여재산가액은 2억 원 ×4.6%로 920만 원이 됩니다. 따라서, 이자를 지급하지 않아도 증여로 보는 금액이 1천만 원이 되지 않으므로 증여세 문제가 없습니다. 다만, 차용증을 작성하고 확정일자나 공증 등을 통해 대여금임을 명확히 하는 것이 좋습니다.

서면-2016-상속증여-4687, 2018.06.21.
(사실관계) 甲은 자녀 乙에게 1억 500만 원을 무상으로 대여하고 10년에 걸쳐 매년 1,050만 원씩 상환받을 예정임.
[회신] 귀 질의의 거래가 금전소비대차에 해당하는지 여부는 계약, 이자 지급 사실, 차입 및 상환 내역, 자금출처 및 사용처 등 해당 자금거래의 구체적인 사실을 종합해 판단할 사항이며, 타인으로부터 금전을 무상 또는 적정 이자율보다 낮은 이자율로 대출받은 경우에는 상증세법 제41조 4 제1항 각 호에 따라 계산한 가액을 대출받은 자의 증여재산가액으로 하는 것임. 다만, 가액이 1천만 원 미만인 경우에는 과세에서 제외하는 것이며, 같은 법 제47조 제2항에 따른 증여재산가액의 합산 규정도 적용하지 않는 것임.

🎯 1천만 원 기준금은 연간인가? 누적인가?

자녀에게 2억 원을 무이자로 빌려주면 세법상 적정 이자율 4.6%에 대한 연 이자는 920만 원이고, 10년간 빌려주면 적정 이자의 합계가 9,200만 원입니다. 이때 5천만 원 증여재산공제를 제외한 나머지 4,200만 원에 대한 증여세를 내야 할까요?

왜 이런 질문이 나오게 되었을까요? 증여세를 계산할 때 증여 시점을 기준으로 과거 10년간 증여한 재산이 있다면, 그 재산을 합산해 증여재산가액을 다시 산정하기 때문입니다. 6년 차가 되면 1년 차부터 매년 증여한 가액의 합이 5천만 원을 넘게 되어 증여세를 내야 하는 것이 아닌가 착각할 수 있습니다. 이와 관련해 세법에서는 다음과 같이 규정하고 있습니다.

> 상증세법 제41조의 4-2항
> 대출기간이 정해지지 아니한 경우에는 대출기간을 1년으로 보고, 대출기간이 1년 이상인 경우에는 1년 되는 날의 다음 날에 매년 새로 대출받은 것으로 봐 해당 증여재산가액을 계산한다.

따라서 증여재산으로 보지 않는 1천만 원은 누적 기준이 아니라 1년 단위로 증여 여부를 판단합니다.

🎯 증여로 보지 않는 1천만 원은 어떤 기간 단위로 판단하는가?

월급이나 이자, 배당소득은 매년 1월 1일부터 12월 31일까지의 이익을 기준으로 소득세를 부과합니다. 마찬가지로 부모님으로부터 돈을 빌릴 때 증여로 보는 적정 이자율과의 차이 금액을 산정할 때도 1월 1일부터 12월 31일까지를 기준으로 1천만 원이 넘지 않으면 괜찮다고 생각할 수 있습니다.

하지만 상증세법에서는 '금전을 대출받은 날(여러 차례 나눠 대출받은 경우에는 각각 대출받은 날을 말한다)을 기준으로 계산한다'고 규정하고 있어 과세기간 단위가 아닌 실제 차용한 날로부터 1년 단위로 1천만 원을 판단해야 합니다.

아버지로부터 4억 원을 2017년 7월 1일부터 2020년 12월 31일까지 42개월간 연이자율 1%로 빌린 경우, 증여재산가액과 납부해야 할 증여세는 얼마나 될까요? 세법에서 증여재산가액은 차용한 날로부터 1년 단위로 판단하도록 되어 있습니다.

- 1년 차(2017년 7월~2018년 6월): 4억 원×(4.6%-1%)=1,440만 원(O)

- 2년 차(2018년 7월~2019년 6월): 4억 원×(4.6%-1%)=1,440만 원(O)

- 3년 차(2019년 7월~2020년 6월): 4억 원×(4.6%-1%)=1,440만 원(O)

- 4년 차(2020년 7월~2020년 12월): 4억 원×(4.6%-1%)×184/365= 7,259,178원(×)

4년 차는 연간 1천만 원이 넘지 않기 때문에 증여로 보지 않고, 앞선 3년은 증여로 보지만 10년 내 부모님으로부터 증여받은 사실이 없다면 5천만 원 증여재산공제 내의 금액이기 때문에 납부해야 할 증여세는 없게 됩니다.

그럼, 자녀로부터 받은 이자소득은 어떻게 계산해야 할까요? 소득세는 매년 1월 1일부터 12월 31일까지 발생한 이익을 기준으로 세금을 부과합니다.

매년 발생한 이자소득(비영업대금이익)

- 2017년: 4억 원×1%×6/12=200만 원

- 2018년: 4억 원×1%=400만 원

- 2019년: 4억 원×1%=400만 원

- 2020년: 4억 원×1%=400만 원

이자소득세율(27.5%, 지방소득세 포함)

- 2017년: 200만 원×27.5%=55만 원

- 2018~2020년: 400만 원×27.5%=110만 원

간혹, 부모님으로부터 자금을 빌려 집을 구입하고 1~2년이 지난 후 이제 아무 문제없겠지 생각하며 빌린 돈을 상환하지 않기도 합니다.

하지만 국세청은 납세자의 채무정보를 NTIS에 입력하고 일정 기간이 경과한 장기채무 중 변제 사실 확인이 필요한 경우 점검 대상자로 선정하기도 합니다. 이렇게 선정된 자들에게 해명할 사항을 기재한 '부채상환에 대한 해명자료 제출 안내'를 서면으로 발송해 추후 상환 여부를 종합적으로 검토할 수 있습니다.

증여재산에도 우선순위가 있다

2020년 6월에 국세청에서 발표한 '2020 국세통계 조기공개' 자료를 보면, 2020년 증여세 신고 건수는 214,603건이었고 증여 재산가액은 43조 6,134억 원으로 전년 대비 각각 41.7%와 54.4% 증가했습니다.

재산 종류별로는 건물(19조 8,696억 원), 토지(7조 8,614억 원), 금융자산(6조 9,900억 원), 유가증권(5조 8,800억 원) 순이었습니다. 증여된 재산 중 토지, 상가, 주택 등 부동산이 약 63%였고 현금, 예금, 금융상품 등 금융자산과 주식 등 유가증권이 약 30%를 차지한 걸 알 수 있습니다.

"제가 가진 재산들 중 증여하기에 좋은 재산이 무엇일까요?"

상담하면서 가장 많이 듣는 질문 중 하나입니다. 자녀에게 증여하기로 결정했다면, 보유한 재산 목록 중에 어떤 재산을 줄지를 고민해야 하는데요. 증여할 때 가장 걱정되는 부분이 세금인 만큼, 기왕 하는 증여가 절세에도 도움이 된다면 더욱 좋을 것입니다. 증여재산은 일반적으로 금융상품, 토지, 상가건물, 주택, 상장주식, 비상장주식, 회원권 등을 생각할 수 있습니다.

증여재산을 선택할 때 고려해야 할 내용은 크게 세 가지입니다. 시세보다 낮게 평가할 수 있는 자산, 수익이 발생하는 자산, 가치가 상승할 것으로 예상되는 자산.

🎯 시세보다 낮게 평가할 수 있는 자산

상증세법에 따르면 증여재산을 평가할 때 매매사례가액, 감정가액, 수용, 경매 또는 공매가액 등을 차례로 적용하고, 해당가액이 없는 경우 세법에서 정하는 보충적 평가방법에 따라 산정합니다. 보충적 평가방법은 부동산의 경우 정부에서 고시하는 공시가격 또는 기준시가이며, 시세 대비 토지나 상가는 50~60%, 아파트는 최대 70% 수준에 불과합니다.

예를 들어 시세 10억 원의 토지를 5억~6억 원으로 평가해 증여할 수 있다면, 자녀는 5억~6억 원에 대한 증여세만 부담하면서 실제로는 10억 원을 증여받는 것입니다.

이런 면에서 아파트는 면적, 위치, 용도 등이 유사한 물건이 많아 매매사례가액으로 평가해야 하니 증여하기에 좋은 자산은 아닙니다. 반면 상가건물이나 단독주택, 나대지, 농지 등은 매매사례가액 적용이 어렵기 때문에 해당 물건의 수용, 경매, 공매가액이 존재하지 않는다면 공시지가 또는 기준시가로 증여가 가능합니다.

다만, 편법 증여를 막고자 2019년 '고가의 비주거용 부동산'에 대해 감정평가가액으로 과세할 수 있는 법적 근거를 마련했으니 주의해야 합니다. 감정평가를 받아야 하는 '고가의 비주거용 부동산'에 대해서는 규정으로 정해진 게 없는 만큼 세무 전문가로부터 자문을 받는 걸 추천드립니다.

비상장주식도 증여하기에 좋은 재산입니다. 비상장주식의 재산평가는 증여일 현재의 재무 상태와 과거 3년의 손익을 가중평균한 가액으로 규정하고 있습니다. 과거 자료를 토대로 산정되는 만큼 현재 주식의 미래 가치와는 다르게 계산될 가능성이 있으니, 실제 가치보다 보충적 평가방법에 따른 평가가액이 낮을 때 증여하는 게 좋습니다.

🎯 수익이 발생하는 자산

가치가 동일한 자산이라면 현재 수익이 발생하고 있는 자산을 증여해야 합니다. 거주하는 주택이나 비사업용 토지는 자녀에게 증여 후 양도하기도 어렵고, 재산세와 종합부동산세 등 비용만 부담이 되는 자산이 될 수도 있습니다. 하여, 월세가 발생하는 상가나 임대주택 또는 배당이 발생할 수 있는 주식을 증여하는 게 좋습니다.

또한 수익이 발생하는 자산을 부모가 보유하고 있는 경우에는, 부모가 소득세를 1차로 납부하고 이 자금을 상속 또는 증여할 때 상속세 또는 증여세가 2차로 발생합니다. 하지만 자녀가 보유하면 소득세만 한 번 내고 자녀에게 출처가 명확한 자금이 될 수 있기 때문에 여러모로 유리합니다.

🎯 가치 상승이 예상되는 자산

마지막으로 가치가 상승할 것으로 예상되는 자산을 증여해야 합니다. 현재 가치가 같아도 향후 가치가 높아지면 추후 증여 시 높은 가치에 따라 증여세를 많이 부담해야 합니다. 상속세를 절세하는 측면에서도 이런 자산은 증여하기에 좋습니다.

자녀에게 증여한 후 10년 내에 다시 상속이 발생하면 증여재산을 합산해 상속세를 계산해야 합니다. 이때 상속세에 합산하는 금액은, 추후 상속이 발생했을 때 가치가 높아졌더라도 가치가 낮을 때 신고한 증여재산 평가가액만 과세됩니다.

따라서 앞으로 가치가 상승할 것으로 예상되는 자산이라면 현재 증여세가 부담되더라도 적극적으로 증여를 고려해야 합니다. 재개발 또는 재건축을 기다리는 부동산이나, 상장 예정인 주식, 지목 변경이 예정된 토지 등이 여기에 해당됩니다.

다만, 상증세법에서는 증여 후 5년 이내에 수증자의 자력이 아닌 개발이나 형질 변경, 사업 인허가 등의 사유로 재산 가치가 증가하면 증여세를 추가로 과세할 수 있는 규정이 있으니 주의해야 합니다.

🎯 주택 증여 시 주의해야 할 점

부모가 보유하던 주택을 상속 또는 증여로 유주택자인 자녀에게 물려주는 경우, 자녀는 새로운 주택의 취득으로 다주택자가 됩니다. 예기치 못한 상속으로 취득한 주택에 대해서는 세법에서 각종 특례 규정을 만들어 보호하지만, 의도를 갖고 물려주는 증여의 경우에는 그렇지 않습니다.

자녀를 위해 재산을 물려주기로 한 결정이 도리어 자녀에게 큰 부담만 남기는 결과를 초래할 수도 있습니다. 따라서 증여하고자 하는 물건이 주택이라면 세금과 관련한 내용을 확인해야 합니다.

1) 취득세

부동산을 증여할 때는 취득세를 시가표준액(공시가격)에 증여 취득세율 3.5%(농어촌특별세, 지방교육세 포함 4%)를 곱한 금액으로 납부해야 합니다.

하지만 2020년 8월 12일 지방세법 개정으로 다주택자가 조정대상지역 내에 소재한 주택을 증여할 때는 중과된 세율 12%(농어촌특별세, 지방교육세 포함 13.4%)가 되어, 종전에 비해 세 배가 넘는 취득세를 부담해야 합니다.

보다 자세한 취득세 구분은 다음 표에서 확인할 수 있습니다.

▶ 취득세 구분

구분	취득세	농어촌특별세*	지방교육세	합계 세율
일반	3.5%	0.2%	0.3%	4%
조정대상지역 내 시가표준액 3억 원 이상 주택	12%	1.0%	0.4%	13.4%

* 농어촌특별세는 전용면적 85m² 이하인 경우 비과세

다만, 다음의 경우에는 기존과 같이 4%로 과세됩니다.

(1) 조정대상지역 외 주택을 증여할 때

(2) 조정대상지역 내 주택을 1세대 1주택자가 배우자 또는 직계존비속에게
    증여할 때

(3) 증여 당시 주택공시가격 3억 원 미만 주택을 증여할 때

한편 2023년 주택의 취득세 중과세율을 완화하는 지방세법 개정이 추진되었으나 통과되지 않아 중과세율은 그대로 유지되고 있습니다.

2) 종합부동산세

주택의 일부 지분만 보유하더라도 주택 수에 포함되어 종합부동산세를 납부해야 합니다.

종합부동산세 판단 시 증여받은 주택은 새로운 주택의 취득으로 보며, 별도의 주택 수에서 제외하거나 과세표준에서 합산 배제하는 특례 규정이 존재하지 않습니다.

따라서 자녀가 이미 유주택자라면 증여 주택 때문에 1세대 1주택자로서 12억 원 공제 및 연령과 보유기간에 따른 최대 80%의 세액공제를 적용받지 못하거나, 다주택 중과세율이 적용되어 종합부동산세 납부세액이 크게 달라질 수 있습니다.

3) 양도소득세

주택을 상속으로 취득한 경우, 종전 보유하던 주택은 기간과 상관없이 1세대 1주택 비과세를 적용받거나 상속 주택은 상속일로부터 5년 동안 다주택 중과 규정이 적용되지 않는 특례 규정이 있습니다.

하지만 증여로 주택을 취득하면 별도의 특례 규정 없기 때문에 일시적 2주택 비과세를 제외하고는 종전 보유 주택과 증여받은 주택 중 먼저 양도하는 주택에 다주택자 중과 규정이 적용됩니다.

증여할 때 알아야 할 재산평가방법

상증세법상 재산평가의 원칙은 '시가'입니다. 시가는 해당 재산의 매매사례가액, 감정평가가액, 경매·공매가액, 유사매매사례가액 등을 의미하고, 평가기간 내 시가로 보는 가액이 2 이상인 경우 평가기준일로부터 가장 가까운 날에 해당하는 가액을 인정합니다.

매매거래는 양 당사자 간 거래가액을 정할 수 있지만, 증여할 때는 상증세법에서 규정한 금액으로만 평가해야 합니다. 세법 규정을 제대로 알지 못하고 잘못 평가된 금액으로 증여세를 신고했다가 가산세까지 추징되는 억울한 경우가 많습니다.

증여 시 부동산을 평가하는 원칙과 절세법을 알아보겠습니다.

🎯 아파트는 공시가격으로 증여할 수 없다

부동산 증여 상담을 할 때 가장 많이 받는 질문이 공시가격으로 증여가 가능하냐는 것입니다. 일반적으로 아파트는 공시가격으로 증여가 어렵습니다. 아파트는 동일한 평형의 물건들이 층마다 있고 또 동마다 있기 때문에 항상 유사매매사례가액이 존재할 가능성이 높고, 과거 6개월 동안 증여세 신고기한 내에 유사매매사례가액이 있으면 세법상 시가로 인정되기 때문입니다.

아파트(공동주택)의 유사매매사례가액을 적용하는 방법은 상증세법에서 규정하고 있으며, 상증세법상 시가로 인정되는 아파트 유사매매사례가액은 다음의 원칙으로 선정합니다.

아파트 유사매매사례가액이 인정되는 기간은 상속일 또는 증여일로부터 과거 6개월~상속증여세 신고기한까지입니다. 이 기간 내에 증여할 아파트와 전용면적, 공시가격의 차이가 5% 이내인 거래가액이 있는지 확인하고, 이 가액들 중 공시가격의 차이가 같거나 차이가 가장 적은 것을 선택합니다. 공시가격의 차이가 적은 게 여러 개라면 가장 가까운 날의 가액이 유사매매사례가액이 되고, 같은 날에 거래가 두 개 이상이면 평균가액으로 합니다.

공시가격 차이가 작은 물건이 무조건 우선합니다. 세무사들도 많이 실수하는 것 중 하나가 다음의 문구입니다.

"다만, 해당 주택이 둘 이상인 경우에는 평가대상 주택과 공동주택가격 차이가 가장 작은 주택을 말한다."

전용면적 차이가 5% 이내이면서 공시가격 차이가 5% 이내인 물건들을 조회해 상속증여일과 가장 가까운 날의 가액을 선정하는 경우가 많습니다. 하지만 위의 단서 문구가 2019년 3월에 신설되어, 전용면적 차이가 5% 이내이면서 공시가격 차이가 5% 이내인 물건들 중에 공시가격 차이가 가장 작은 물건을 무조건 우선해야 합니다.

유사매매사례가액은 상속증여 신고 이후 반드시 다시 한번 확인해야 합니다. 유사매매사례가액은 상속증여일 이전 6개월부터 신고일까지의 가액을 시가로 인정합니다. 이때 가액의 기준일은 '매매계약일'입니다. 주택의 매매거래신고는 매매계약 이후 30일 이내에 실거래가 공시시스템에 올리면 되기 때문에, 오늘 공시되어 있는 유사매매사례가액은 최근 30일 이내의 매매계약 건으로 조회되지 않습니다.

따라서 상속증여세를 신고한 지 30일이 지나고 신고일까지의 거래를 반드시 다시 확인해야 합니다. 만약 신고일 이후라도 새로운 거래금액이 확인되었다면 수정신고를 해야 합니다. 이를 놓쳐 추징되는 사례가 많으니 주의해야 합니다.

🎯 아파트는 감정평가로 증여세를 낮출 수 있다

자녀에게 아파트를 증여하려고 할 때, 조회되는 최근 유사매매사례가액이 고층, 남향 등의 사유로 높은 가액으로 거래된 경우가 있습니다. 유사매매사례가액을 납세자가 임의로 제외해 신고하기는 쉽지 않습니다. 가액을 무시하고 다른 낮은 가액으로 신고했다가 추징당할 가능성이 높기 때문입니다.

이때 사용할 수 있는 방법이 감정평가가액입니다. 감정평가

가액은 다른 매매사례가액을 참고해 증여하는 재산의 상태를 반영할 수 있고, 일반적으로 시세보다 5~10% 낮게 평가되기 때문에 증여가액을 좀 더 낮추는 효과를 볼 수 있습니다.

부동산 평가 시 감정평가가액은 다른 유사매매사례가액이 있더라도 그보다 우선합니다. 따라서 조회되는 유사매매사례가액이 너무 높을 때는 감정평가를 함으로써 추징 리스크도 줄이고 시세보다 낮은 가액으로 증여할 수 있습니다. 더불어, 감정평가수수료는 증여세 계산 시 500만 원까지 공제가 가능합니다.

🎯 고가의 상가나 토지는 공시가격으로 평가할 수 없다

평가기간 내 부동산에 대한 시가(매매사례가액, 감정평가가액, 경매·공매가액 등)가 없는 경우에는 보충적 평가방법에 의해 평가해야 하며, 이는 공시가격 또는 기준시가를 의미합니다. 공시가격과 기준시가는 시세 대비 토지나 상가의 경우 50~60%, 아파트의 경우 70% 수준에 불과합니다. 이를 활용해 상가 매입 후 일정 기간이 지나 증여 또는 상속을 하면, 매입 가격의 50~60%로 평가할 수 있는 것입니다.

이에 꼬마빌딩이나 토지를 활용해 편법 증여하는 걸 막기 위

2019년 2월 12일 상증세법 시행령 개정

납세자가 상속증여세를 신고한 이후에도 법정결정기한까지 발생한 매매·감정·수용가액 등에 대해 평가심의위원회를 통해 시가로 인정받을 수 있는 법적 근거 마련

2020년 1월 31일 국세청 감정평가사업 시행

2020년부터 상속증여세 결정 과정에서 비주거용 부동산에 대해 둘 이상의 공신력 있는 감정기관에 평가를 의뢰해 감정가액으로 상속증여재산을 평가해 추징(적용 시기는 2019년 2월 12일 이후 상속 및 증여받은 부동산 중 법정결정기한 이내의 물건)

해 2019년에 법을 개정했습니다. 현재는 '고가의 비주거용 부동산'을 기준시가로 평가해 증여세를 신고하면 국세청에서 외부 감정평가기관에 의뢰해 받는 감정가액으로 추징하고 있습니다.

감정평가 대상인 부동산은 상가, 오피스 빌딩 등 비주거용 부동산과 나대지 등 토지이고, 비주거용 부동산 전체가 감정평가 대상이 되는 건 아니며, 시가와 신고가액의 차이가 큰 경우에만 대상이 됩니다.

다만, 금액 범위를 법으로 규정하고 있지 않기 때문에 납세자 입장에서는 부동산을 증여할 때 기준시가로 해야 할지 아니면 감정평가로 해야 할지 의사결정을 하기 어렵습니다. "국세청

▶ 상증세법 시행령 개정 내용

(개정 내용) 신고 이후에도 납세자 및 과세관청이 감정평가를 통해 시가에 근접한 가액으로 평가할 수 있게 됨

종전	개정(2019.2.12. 시행)
아래 기간 내 발생한 매매·감정가액 (원칙) 전·후 6개월(증여 전·후 3개월) 시가 (예외) ① 평가기간 외로 평가기준일 이전 2년 내	아래 기간 내 발생한 매매·감정가액 (원칙) 전·후 6개월(증여 전 6개월·후 3개월) 시가 (예외) ① 평가기간 외로 평가기준일 이전 2년 내 ② 평가기간 경과 후 법정결정기한까지(추가)

'적용례' 시행령 시행 이후 상속이 개시되거나 증여받는 분부터 적용

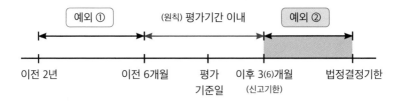

* 상속세 법정결정기한: 상속세 신고기한으로부터 9개월
** 증여세 법정결정기한: 증여세 신고기한으로부터 6개월

내부적으로 ××억 원을 초과하는 기준시가의 경우에 감정평가를 의뢰한다"는 소문이 있지만, 법으로 규정되어 있지 않기 때문에 언제든지 변경이 가능합니다. 매년 기준금액이 낮아지고 있는 것으로 알려집니다.

한편, 주거용 부동산은 아직까지는 감정평가 대상이 아닙니다. 따라서 단독주택이나 소규모 빌라 등 유사매매사례가액 적

용이 어려운 경우에는 기준시가 증여가 가능합니다.

시세가 높지 않은 꼬마빌딩 또는 토지의 경우 기준시가로 증여할지 말지 고민을 많이 합니다. 세금 추징이 무서운 이유는 가산세 때문입니다. 일반적으로 세금을 신고한 후 세무조사로 추징당할 때는 본세와 더불어 '신고불성실가산세', '납부지연가산세'가 더해집니다.

하지만 기준시가 신고 후 평가심의위원회를 거쳐 감정평가로 추징되는 경우에는 가산세가 없습니다. 상증세법에서 평가방법과 관련한 추징에는 '신고불성실가산세'가 없으며, '납부지연가산세'는 세법 개정을 통해 면제 사유로 명확히 규정되어 있습니다.

따라서 감정평가 추징이 명확한 경우에는 굳이 그럴 필요가 없겠지만 감정평가 여부가 불분명한 경우에는 가산세가 없기 때문에 기준시가로 신고하는 선택을 하기도 합니다. 단, 가산세는 없지만 증여세 신고 시 적용되는 신고세액공제(3%)는 추징금액에 대해 공제되지 않습니다.

부모 자식 간 저가 거래는 괜찮을까?

사례

서울에 거주하는 직장인 D 씨(52)는 지난해 10월 서울에 주택을 하나 더 구입했습니다. 지난해 말 부동산 가격이 급등하며 D 씨는 차익을 거둘 수 있다는 기대감을 갖게 됐지만 보유세 부담이 늘어나 주택을 계속 보유해야 할지 고민이 큽니다. 주택을 처분할 계획도 세워봤지만 두 주택 모두 향후 개발 호재가 있어 당장 매매가 꺼려지는 게 사실입니다. 그는 이 기회에 무주택자인 자녀에게 저가로 주택을 양도해 절세할 수 있는 방안을 찾고 있습니다. 부모와 자식 간에도 부동산을 사고파는 게 가능한가요? 자녀에게 아파트를 매도할 경우 증여로 보지는 않을까요?

🎯 부모 자식 간 부동산 거래 시
발생할 수 있는 세금 문제

부모와 자식 간에도 부동산을 사고파는 건 가능합니다. 다만, 국세청에서는 가족 간 양도거래를 정상적인 거래로 취급하지 않고 증여로 추정합니다. 하지만 대가를 받고 양도한 사실이 맞다면 정상적인 거래로 인정받을 수 있습니다.

🎯 부모가 자녀에게 부동산 저가 양도 시
발생할 수 있는 세금 문제

앞서 말씀드린 바와 같이 부모와 자식, 즉 특수관계자 간에도 제3자와 거래할 경우와 동일한 가격으로 거래를 하면 아무런 문제가 없습니다. 하지만 특수관계자 간이기 때문에 정상적이지 않는 방법으로 절세를 하려다 보니 세금 문제가 발생하곤 합니다.

1) 자녀에게 발생할 수 있는 세금 이슈는?

부모가 자녀에게 저가로 부동산을 양도할 경우 자녀 입장에서는 증여세 문제가 발생합니다. 자녀가 부모에게 시가 12억 원짜리 주택을 9억 원에 구매한다고 가정해보겠습니다. 이 거래는 3억 원을 증여받고 9억 원을 본인이 마련해 12억 원짜리 주택을 구매한 것과 동일합니다.

세법에서는 특수관계자로부터 재산을 저가로 매수하는 경우 거래금액과 시가 차액에 대해 증여세를 과세하도록 되어 있습니다. 하지만, 현행 세법은 시가의 30%를 기준으로 최대 3억 원까지는 저가로 팔아도 정상적인 거래로 간주해 증여세를 부과하지 않습니다.

따라서 위 사례 경우 3억 원에 대해서는 증여세가 부과되지 않는 것입니다. 그럼, 시가 12억 원의 주택을 자녀가 부모로부터 7억 원에 구매한다면 어떻게 될까요? 차액 5억 원 중 3억 원을 제외한 2억 원에 대해 증여세가 부과됩니다.

2) 부모에게 발생할 수 있는 세금 이슈는?

부모 입장에서는 집을 파는 것이기 때문에 양도소득세를 내야 합니다. 가족에게 주택을 파는 경우가 아니라면, 3억 원의 손해를 보며 거래를 할 이유는 없습니다.

양도소득세를 판단할 때는 정상거래로 보는 범위가 증여세와 다릅니다. 양도소득세는 시가의 5%를 기준으로 최대 3억 원 내 금액에서 거래할 경우에만 정상거래로 인정해줍니다.

주의해야 할 점이 하나 더 있습니다. 증여의 경우 정상거래 범위를 초과한 부분에 대해서만 증여세를 부과하지만, 양도소득세는 정상가액 범위를 초과하는 경우 초과분이 아닌 시가를 기준으로 양도소득세를 재계산합니다. 즉, 12억 원짜리 집을 자녀가 9억 원에 매수하는 경우 양도가액은 9억 원에 5%를 차감한 금액이 아니라 12억 원의 양도가액을 기준으로 양도소득세를 계산해야 합니다.

🎯 특수관계자 간 저가 양도를 통한 절세효과

자녀에게 저가로 주택을 양도하는 건 자칫 잘못하면 증여세뿐만 아니라 양도소득세까지 추징당할 우려가 있습니다. 하지만 세법상 주택에 대한 양도소득세의 경우 1세대 1주택 비과세 또는 일시적 2주택 비과세라는 특별 혜택이 있습니다.

하여, 자녀에게 양도하고자 하는 주택이 양도소득세 비과세 요건만 충족한다면 앞서 사례에서 주택 양도금액 12억 원에 해당하는 양도차익은 비과세, 양도금액 12억 원 초과분 양도차익에 대해서는 최대 80%까지 공제가 가능합니다.

이렇듯 양도소득세 비과세가 되는 주택은 별도 세대인 자녀에게 저가 거래 시 증여세 절세뿐만 아니라 보유세(특히 종합부동산세)와 양도소득세 절세도 가능합니다. 또한 증여가 아니라 양도거래이기 때문에 자녀로부터 받은 매각자금을 통해 부모의 노

▶ 1가구 1주택 비과세일 경우와 다주택 중과일 경우 양도소득세 부담

구분	1가구 1주택	조정 2주택 중과세율 적용 시	일반세율 적용 시
양도가액	12억 원	12억 원	12억 원
(-) 취득가액	5억 원	5억 원	5억 원
양도차익	- (양도금액 12억 원 비과세)	7억 원	7억 원
(-) 장기보유 특별공제		-	1.4억 원
양도소득금액	-	7억 원	5.6억 원
(-) 기본공제		250만 원	250만 원
과세표준	-	6억 9,750만 원	5억 5,750만 원
세율		62% (20% 중과세율 적용)	42%
산출세액 (지방소득세 포함)	-	4억 3,616만 원	2억 1,803만 원

* 취득가액 5억 원, 양도가액 12억 원, 10년 보유 및 거주 후 양도 가정
** 산출세액 산정은 과세표준별 세율 적용
*** 2025년 5월 9일까지 다주택자 조정대상지역 주택 양도 시 양도세 중과 한시적 배제

후생활자금을 마련하는 효과도 생기며, 이렇게 생긴 현금성 자산은 추후 상속 시 금융재산상속공제를 통해 최대 2억 원까지 공제가 가능합니다.

그럼에도 불구하고, 최근 국세청은 특수관계자 간 거래를 우선적으로 조사하는 추세입니다. 또한 조세 회피 의도를 가지고 저가양수도를 한 경우 증여세가 추징된 사례가 있기 때문에 사전에 철저한 준비가 필요합니다.

손실 난 주식이
증여하기 좋은 이유

돈을 벌고자 투자를 하다 보면, 비슷한 생각들을 하실 겁니다.

'왜 내가 투자한 종목만 이렇게 빠지지?'

그런 생각을 하며 기다리고 기다리다 결국 못 참고 매도를 하면 다음 날부터 상한가가 되거나 쭉쭉 올라가 속상했던 경험이 있으실 겁니다. 이런 평가손실 자산이 자녀에게 좋은 자산을 물려줄 수 있는 기회로 활용되기도 합니다.

🎯 역발상을 활용한 증여 타이밍 잡기

잘나가던 주식시장에 심상치 않은 상황이 왔을 때, 내가 보유한 종목의 주가가 하락할 시 손해 보고 파느냐 버티느냐 그게 문제라면? 정답은 증여일 수 있습니다. 주가가 하락한 때가 바로 증여를 위한 최적의 타이밍이 될 수 있습니다.

5천만 원을 삼성전자 주식에 투자했고, 그 시점부터 주가가 하락해 2천만 원이 되었다고 가정해보겠습니다. 그 시점에 미성년 자녀에게 5천만 원 정도 증여를 계획하고 있었다면, 어떻게 증여하는 게 좋을까요?

미성년 자녀에게 증여 시 2천만 원까지는 세금이 없는 반면(증여재산공제액 2천만 원), 5천만 원을 현금으로 주면 291만 원의 증여세를 납부해야 합니다. 이럴 때 현재 시세 2천만 원인 삼성전자 주식을 증여하면 증여재산공제 후 납부할 세금이 없게 됩니다.

투자한 자산이 손실 나면 속상하지만, 미래 가치보다 일시적으로 저평가된 자산으로 봐 자녀에게 증여하기 좋은 타이밍이 될 수 있습니다.

시간이 흘러 5년, 10년 후 자녀가 성년이 되어 증여한 자산의 가격이 많이 올라 1억 원이 되었다면, 자녀는 증여세 없이 1억 원을 증여받는 효과를 누리는 것입니다.

펀드도 마찬가지입니다. 손실 난 펀드라고 무조건 환매하기 보다 증여를 활용하면 자녀에게 목돈을 마련해줄 수 있습니다. 특히, 일반 주식형 펀드는 국내든 해외든 각 나라의 우량한 종목에 투자하기 때문에 주식처럼 상장폐지되는 리스크가 거의 없습니다.

🎯 상장주식 증여 시 장점

상장주식을 자녀 등에게 증여할 때, 증여재산 평가방법은 평가기준일(명의변경일, 즉 증여일) 이전 2개월과 이후 2개월 총 4개월간의 최종시세가액 평균가액입니다.

하지만 펀드를 증여하는 경우 상장주식과 달리 증여일 현재의 기준가격으로 평가합니다. 만약, 증여일 현재 기준가격이 없다면 평가기준일 전 가장 가까운 날의 기준가격으로 평가합니다.

그럼 상장주식을 증여할 경우 어떤 이점이 있을까요?

1) 자녀의 자금출처 마련
상장주식을 증여하고 주가가 회복되는 경우, 주가 회복에 따른 평가차익은 추가 증여세 및 상속세 부담 없이 자녀에게 온전히 귀속됩니다. 따라서 이 자금은 추후 자녀의 주택 구입 시 자금출처로 인정받을 수 있는 것이죠.

절세도 가능합니다. 주식 증여 후 10년 내 상속이 발생해 사전증여재산이 상속세 계산 시 합산되더라도, 합산되는 가액은 주가가 올라간 현재의 가액이 아니라 증여세 신고 당시의 손실 난 평가액을 합산하기 때문입니다.

2) 평가액 오르면 증여 취소 가능

상장주식의 재산평가는 증여 전후 2개월간 최종시세가액의 평균으로 계산합니다. 추가적인 주가 하락을 예상해 주식을 자녀에게 증여했지만, 증여 후 2개월간 주가가 급격히 회복하면 평가금액이 높아지게 돼 증여세가 많아질 수 있습니다.

이 경우, 법정신고기한인 3개월 이내에 증여를 취소하면 최초 증여와 반환 거래 모두 증여세가 없습니다. 증여 취소가 되지 않는 현금 증여에 비해 큰 장점이라고 할 수 있습니다.

3) 부동산과 달리 취득세 면제

부동산을 증여받으면 증여세만 내면 될까요? 아닙니다. 취득세를 추가로 납부해야 합니다. 취득세가 많지 않더라도 최근에는 취득세에 대한 자금출처가 불분명한 경우 소명하라고 안내문을 보내는 경우가 빈번히 발생하고 있습니다. 반면 주식을 증여할 경우엔 취득세 부담이 없습니다.

4) 주식에서 난 이익, 배우자 증여 후 양도하면 절세가 가능하다

국내주식의 경우 아직까지는 대주주가 아니라면 세금이 없지만, 국내주식의 대주주와 해외주식의 경우는 다릅니다.

해외주식의 경우 양도차익에서 기본공제 250만 원을 차감하고, 매매수수료 등 필요경비를 제외한 금액에 22%의 단일세율을 적용해 과세합니다.

예를 들어 테슬라에 1억 원 투자해 5억 원이 되었다면 4억 원의 양도차익에 22%의 세금을 납부해야 하지만, 배우자증여재산공제 6억 원을 활용해 이 주식을 배우자에게 증여한 후 양도한다면 취득가격과 양도가격이 같아져 양도소득세도 없습니다.

부동산이나 입주권, 분양권을 배우자 등에게 증여한 경우 5년(2023년 증여분부터는 10년으로 강화) 내 양도 시 취득가액이 증여 시점의 취득가액이 아니라 최초 증여자의 취득가액으로 소급하기 때문에 절세효과가 없지만, 아직까지 주식은 가능합니다. 다만, 주식의 경우에도 2025년부터는 배우자 등 이월과세 규정을 적용받기 때문에 개정되기 전에 활용하는 게 바람직합니다.

국내주식 대주주[코스피 1% 이상, 코스닥은 2% 이상, 전년 말 기준 종목 보유금액 50억 원(2024년 양도분부터) 이상]도 현재 양도소득세 과세대상으로서 배우자 증여 후 양도 규정을 충분히 활용할 수 있습니다.

5억 원까지 증여세 없는 창업자금증여특례

자산가 분들을 상담하다 보면 '생각보다 젊은데?'라는 생각을 종종 하면서, '젊은 나이에 어떻게 그 많은 돈을 벌었을까?'라는 궁금증이 생기곤 합니다. 그중 상당수는 창업으로 회사를 설립하고 운영해 잘 키운 회사를 매각해 자산가가 된 분들이었습니다.

창업자금증여특례는 2006년 신설된 조항으로 저출산, 고령화 시대가 되며 젊은 세대로의 부의 조기 이전으로 경제 활력을 도모하고자 만들어진 제도입니다. 자녀에게 창업자금을 증여했더니 증여세를 내고 나면 창업자금이 부족해 정작 창업에 어려움을 겪는 경우가 많아, 애로사항을 보완해주려는 취지에서 만

들어진 것입니다.

🎯 창업 목적으로 부모에게 증여받으면 5억 원까지 세금이 없다

18세 이상 거주자가 창업지원대상업종을 영위하는 중소기업을 창업할 목적으로 60세 이상 부모로부터 창업자금을 증여받은 경우, 증여세 과세가액에서 5억 원을 공제하고 초과금액에 대해서는 10%의 낮은 세율로 증여세를 과세합니다(50억 원 한도, 단 창업을 통해 10명 이상 신규고용 시 100억 원 한도).

일반증여는 증여 후 10년이 지나면 상속재산에 합산하지 않지만, 증여세 과세특례가 적용된 창업자금은 기간에 관계없이 증여 당시 평가액이 상속세 과세가액에 합산되어 상속세로 다시 정산합니다.

🎯 창업자금증여특례를 적용받기 위한 요건은?

자녀가 여러 명이고 그들 모두 창업을 생각한다면, 모두 적용해 줄 수 있을까요?

▶ 창업자금증여특례 적용 요건

구분	요건
수증자 요건	증여일 현재 수증자는 18세 이상인 거주자
증여자 요건	60세 이상의 부모 (증여 당시 부모가 사망한 경우에는 사망한 부모를 포함)
증여 대상 물건	양도소득세 과세대상이 아닌 재산 (현금과 예금, 소액주주 상장주식, 국공채나 회사채와 같은 채권 등. 단, 종전 사업에 사용되던 사업용 자산을 일부 매입하는 경우도 2023년부터 인정)
업종 요건	창업중소기업 등에 해당하는 업종(조세특례제한법 제6조 제3항)을 영위하는 중소기업

세법에는 한 명만 증여특례가 적용된다고 표현하고 있지 않습니다. 즉, 아들과 딸이 모두 창업한다고 했을 때 각각 30억 원씩 창업자금으로 증여가 가능합니다.

자녀가 공동으로 창업을 한다면 어떨까요? 증여세는 수증자를 기준으로 판단합니다. 따라서 공동으로 창업하는 경우에도 수증자 개인별로 각각 증여특례 적용이 가능합니다(재산-4457, 2008.12.30.). 다만, 증여재산의 종류와 업종에 제한이 있습니다.

1) 증여재산의 종류

앞의 표에서 본 것처럼, 창업자금증여특례는 증여 목적물에 일정한 제한을 두고 있습니다.

토지와 건물, 주식, 부동산의 권리 등 양도소득세 과세대상자산을 증여할 경우에는 과세특례를 적용받을 수 없도록 하고 있어, 현금이나 소액주주 보유 주식 및 회사채 등을 증여할 경우에만 특례 규정을 적용받을 수 있습니다. 다만, 2023년 증여받는 분부터는 종전 사업에 사용되던 사업용 자산을 일부 매입해 동종 사업 영위 시에도 창업으로 인정하도록 법이 개정되었습니다. 이때 창업으로 인정하는 중고자산의 매입 비율은 30% 이하인 경우만 인정해줍니다.

2) 창업중소기업 등의 업종 요건

창업자금을 증여받은 자녀는 증여받은 날로부터 2년 이내에 창업해야 합니다. 이때 '창업'이란 세법 규정에 따라 납세지 관할 세무서장에게 사업자등록을 하는 걸 말하며, 사업용 자산을 취득하거나 확장한 사업장의 임차 보증금 및 임차료를 지급하는 걸 의미합니다.

창업자금증여특례를 받기 위해서는 업종도 고려해야 합니다. 모두가 되고 싶어 하는 건물주, 즉 부동산 임대업은 당연히 제외되며 소비업종으로 분류되는 호텔업 및 여관업, 주점업, 무도장, 도박장 운영업 그리고 최근 많이 부각된 블록체인 기반 암호화 자산 매매 및 중개업 등도 제외됩니다.

조세특례제한법 제6조 제3항에 자세히 열거되어 있습니다.

창업자금증여특례 대상 업종(조세특례제한법 제6조 제3항)
광업, 제조업, 수도, 하수 및 폐기물 처리, 원료 재생업, 건설업, 통신판매업, 물류산업, 음식점업, 정보통신업(단, 비디오물 감상실 운영업, 뉴스제공업, 블록체인 기반 암호화자산 매매 및 중개업은 제외함), 금융 및 보험업 중 전자금융업무 등을 업으로 영위하는 업종, 전문, 과학 및 기술 서비스업(엔지니어링사업을 포함하되, 변호사업 등은 제외함), 사업시설 관리 및 조경 서비스업, 사업 지원 서비스업(고용 알선업 및 인력 공급업은 농업노동자 공급업을 포함함), 사회복지 서비스업, 예술, 스포츠 및 여가 관련 서비스업(단, 자영예술가, 오락장 운영업, 수상오락 서비스업, 그 외 기타 오락 관련 서비스업은 제외함), 개인 및 소비용품 수리업, 이용 및 미용업, 직업기술 분야를 교습하는 학원을 운영하는 사업, 직업능력개발훈련시설을 운영하는 사업(직업능력개발훈련을 주된 사업으로 하는 경우로 한정함), 관광숙박업, 국제회의업, 유원시설업, 관광객 이용시설업, 노인복지시설을 운영하는 사업, 전시산업

---

(1) 커피 전문점

과세관청은 아래와 같이 해석하고 있습니다.

서면-2017-상속증여-0204, 2017.02.14.
한국표준산업분류표상 주점 및 비알콜음료점업에 해당하는 커피 전문점은 창업자금에 대한 증여세 과세특례 대상 중소기업에 해당하지 아니함

음식점업과 주점 및 비알콜음료점업은 구분이 다릅니다. 조세특례제한법 제6조 제3항에는 음식점업만 나열되어 있기 때문에 커피전문점은 특례대상 업종에 해당하지 않습니다.

(2) 프랜차이즈 업종

> 상속증여세과-273, 2013.06.
> 프랜차이즈(맥도날드 사업)의 기존 가맹점 매장을 임차해 가맹점 사업자로 계약을 체결하고 동일 업종을 영위하는 경우에는 「조세특례제한법」 제30조의 5에 따른 창업자금에 대한 증여세 과세특례를 적용받을 수 있는 창업으로 보지 아니함

음식점 프랜차이즈 업종은 음식점업 내에 기타 간이 음식점업으로 구분되어 있기 때문에 특례대상 업종입니다. 다만, 종전 가맹점 매장으로 운영하던 계약을 승계해 동일 업종을 영위하는 경우에는 새로운 창업으로 보지 않습니다.

(3) 스크린골프장

스크린골프장은 한국표준산업분류상 골프연습장 운영업에 해당합니다. 2010년 유권해석 당시 창업중소기업 등 업종에 '창작, 예술 관련 서비스업'의 90. 코드만 해당됐지만, 이후 '예술, 스포츠 및 여가 관련 서비스업'으로 90~91. 코드를 포함하도록 개정됐습니다. 현재 스크린골프장은 증여특례 적용 대상입니다.

창업으로 인정되지 않는 경우도 있습니다. 다음의 어느 하나에 해당하는 경우에는 창업자금증여특례 규정이 적용되지 않습니다.

종전 사업을 승계하거나 종전 사업에 사용되던 자산을 인수또는 매입해 동종 사업을 영위하는 경우, 거주자가 영위하던 사업을 법인으로 전환해 새로운 법인을 설립하는 경우, 폐업 후 사업을 다시 개시해 폐업 전의 사업과 같은 종류의 사업을 하는 경우, 다른 업종을 추가하는 등 새로운 사업을 최초로 개시하는 것으로 보기 곤란한 경우, 창업자금을 증여받기 이전부터 영위한 사업의 운용자금과 대체설비자금 등으로 사용하는 경우입니다.

🎯 창업자금증여특례를 적용받았다면 사후관리 규정을 준수해야 한다

상속세 회피 목적으로의 남용을 방지하기 위해 특례에 따른 엄격한 사후관리 규정이 있습니다. 따라서, 창업자금을 증여받고 다음의 사후관리 위반에 해당하는 경우에는 증여세와 상속세를 각각 부과하며, 1일 2.2/10,000으로 계산한 이자상당액을 증여세에 가산해 부과합니다.

1) 2년 이내 창업해야 함

2) 4년 이내 창업자금을 모두 해당 목적에 사용해야 함(2019년 12월 31일 이
전 증여는 3년)

3) 창업중소기업 등 다른 업종을 경영하지 않아야 함

4) 10년 내 창업자금(창업으로 인한 가치증가분 포함)을 해당 목적 외의 용도
로 사용하지 않아야 함

5) 창업 후 10년 이내에 사업을 폐업하거나 휴업하지 않아야 함

🎯 창업자금증여특례가 적용된 창업자금은 일반증여와 다르다

1) 증여자가 사망해 상속세를 계산할 때 재정산합니다

일반증여는 증여받은 날로부터 상속개시일까지의 기간이 10년 이내인 경우에만 상속재산에 합산하지만, 창업자금은 10년 기간에 관계없이 상속세 과세가액에 가산합니다.

따라서 창업자금증여특례로 신고된 증여는 상속세 과세가액에 가산하는 증여재산으로 봅니다. 또한 창업자금에 대한 증여세액은 상속세 산출세액에서 공제해줍니다. 다만, 공제할 증여세액이 상속세 산출세액보다 많은 경우 차액에 상당하는 증여세액은 환급해주지 않습니다.

그리고 창업자금은 상속공제 한도 계산 시 차감하지 않고 각종 상속공제의 요건을 충족할 때 공제가 가능합니다.

2) 창업자금과 일반증여재산은 합산하지 않습니다

동일인(배우자 포함)으로부터 재차 증여받은 재산에 대해 합산과세를 할 때, 동일인으로부터 증여받은 창업자금과 일반 증여재산은 합산해 과세하지 않습니다. 예를 들어 창업자금 5억 원과 현금 5천만 원(증여재산공제 한도)을 각각의 용도에 맞게 받는다면 납부해야 할 증여세는 없습니다.

3) 가업의 승계에 대한 과세특례와 중복적용은 해주지 않습니다

창업자금에 대한 증여세 과세특례를 적용받는 거주자는 가업승계에 대한 증여세 과세특례를 적용받을 수 없습니다. 즉, 중복적용은 받을 수 없고 한 가지만 선택해 적용받을 수 있습니다.

4) 신고세액공제 적용은 안 되지만, 연부연납은 가능합니다

일반적으로 증여 후 증여일이 속하는 달의 말일부터 3개월 이내에 증여세 신고·납부 시 3% 세액공제를 해주지만, 창업자금증여특례는 신고하더라도 신고세액공제를 적용해주지 않습니다. 다만, 증여세 신고기한 다음 날부터 2개월 이내 분납이나 5년간 연부연납은 가능합니다.

세뱃돈, 축의금, 유학비…
이런 것도 증여가 되나요?

살아가면서 아무 생각 없이 하는 행동들이 증여가 되는 경우가 많이 있습니다. 그럼에도 불구하고 무심코 하는 거래가 얼마나 위험한지 인지하지 못하는 경우가 많습니다.

모든 게 데이터화되는 시대, 무심코 이체한 자금이 추후 증여로 판명되어 증여세뿐만 아니라 가산세까지 내야 하는 불이익을 받을 수도 있습니다. 생활 속에서 자주 일어나는 증여 행위들, 어떤 게 있을까요?

🎯 세뱃돈에도 세금이 있을까?

어린 시절 새해가 되면 가장 기다려지는 날 중 하나가 바로, 민족 최대 명절인 설이 아닌가 싶습니다. 한복을 곱게 차려입고는 부모님 손을 잡고 고향에 방문해 친척 어르신들께 세배하면, 어른들은 덕담과 함께 세뱃돈을 줍니다. 우리나라의 미풍양속인 명절 세뱃돈, 증여세 과세대상일까요?

결론부터 말하면, "증여세 과세대상이 될 수 있다"입니다. 세뱃돈도 재산을 무상으로 받는 행위이기에 증여세 과세대상이 됩니다. 다만, 상증세법상 미성년 자녀의 경우 부모 등 직계존속으로부터 받은 돈은 10년에 2천만 원까지, 기타친족으로부터 받은 돈은 10년에 1천만 원까지 세금이 없습니다. 하여, 대부분의 경우 해당되지 않기 때문에 문제가 발생하지 않는 것뿐입니다.

하지만 세뱃돈이나 용돈을 쓰지 않고 계좌에 저축해 면세점을 초과하는 경우 증여세 신고 및 납부를 해야 합니다. 통장에 조금씩 쌓인 돈이라고 문제가 되지 않을 거라 생각하면 큰 착각일 수 있습니다.

특히 이렇게 모은 재산을 추후 부동산취득자금으로 쓴다면, 그 시점에 증여세 외에 가산세까지 부과돼 더 큰 세금을 내야 할 수도 있습니다.

🎯 축의금·혼수는 모두 비과세?

모 결혼정보업체에서 발표한 '2024 결혼비용 리포트'에 따르면, 결혼비용이 평균 2억 3천만 원 정도 필요하다고 합니다. 취업도 늦어지는 추세인데, 막 직장생활을 시작한 자녀가 3억 원이란 돈을 만들기는 쉽지 않은 게 현실이죠. 여유가 있으면 어떻게든 도와주고 싶은 게 부모 마음일 것입니다.

그러나 세법에서는 사회 통념상 인정되는 기념품, 축하금, 부의금의 경우에만 비과세를 해주고 있습니다. 그렇다면 사회 통념상 인정되는 축하금이란 얼마일까요?

축의금으로 1억 원을 받았습니다. 증여세가 부과될까요?

case 1) 1억 원의 축의금을 1천 명의 하객으로부터 받았습니다.

case 2) 1억 원의 축의금을 100명의 하객으로부터 받았습니다.

case 3) 1억 원의 축의금을 10명의 하객으로부터 받았습니다.

첫 번째 케이스는 하객 인당 10만 원 정도로 문제될 소지가 없습니다. 하지만 세 번째 케이스처럼 인당 1천만 원씩 축의금을 내는 게 사회 통념상 인정될 수 있는 금액이라고 할 수는 없습니다.

결국 축의금과 관련된 증여세 이슈는 받은 총액 기준으로 증여 여부를 판단하는 게 아니라, 누구로부터 얼마를 받았는지가 중요합니다.

그럼 얼마까지 축의금을 보냈을 때 증여세 문제의 소지가 없을까요? 사람마다 지위와 살아가는 소득수준이 다르기 때문에 금액을 확정할 수는 없지만, 과거 국세심사사례에 따르면 외손자에게 송금한 결혼 축하금 400만 원은 사회 통념상 인정된다고 판단한 사례가 있으니 참고자료가 될 수 있습니다.

> 국심 2003부562, 2003.06.25.
> [제목] 외손자에게 결혼축하금으로 송금한 400만 원은 사회 통념상 인정되는 비과세 증여재산의 범위에 포함됨

기본적으로 축의금은 혼주인 부모의 결혼비용 부담을 줄여주기 위해 내는 사회적 관행으로 보고 있습니다. 따라서 축의금은 혼주인 부모에게 귀속되는 것으로 봅니다. 다만, 자녀 당사자의 하객으로 참석해 자녀에게 직접 전달하거나 자녀를 위해 내는 축의금은 자녀에게 귀속된다고 할 수 있습니다.

따라서 추후 부동산구입자금 등에 본인의 축의금을 자금출처로 입증받기 위해서는 하객명부 및 축의 내역 등을 보관할 필요가 있습니다(조심-2016-서-1353, 2017.02.08.).

혼수의 경우는 어떨까요? 이 또한 통상 필요하다고 인정되는 금품으로 일상생활에 필요한 가사용품에 한하며, 호화·사치용품 이나 주택·차량 등은 포함하지 않고 있습니다.

🎯 유학 중 자녀의 생활비·교육비 지원은 모두 비과세?

대부분 생활비나 교육비는 증여에 해당하지 않는다고 알고 있습니다. 사회 통념상 인정되는 피부양자의 생활비, 교육비는 증여세가 비과세되기 때문입니다. 다만, 경제적인 능력이 있는 자녀의 생활비를 부모님이 지원하는 건 증여에 해당될 수 있습니다.

생활에서 자주 일어나는 일들을 모아봤습니다.

Case 1) E 씨는 아들이 해외 유학을 가서 교육비를 송금했다. 기특하게도 유학기간 내내 장학금을 받아 실제 송금받은 돈을 저축할 수 있었다. 추후 이 돈을 가져와 주택구입자금으로 사용했다.

Case 2) E 씨는 아들이 해외 유학을 가서 교육비를 송금해야 한다. 편안한 환경에서 생활하기를 원해 실제 교육비보다 많이 송금해 미국에서 자동차나 주택을 구입하는 데 사용하게 하고 싶다.

Case 3) E 씨는 손자가 미국 명문대학에 합격해 기특하기만 하다. 손자의 유학경비를 납부해주고 싶은데 은행에 물어보니, 유학생 송금으로 보낼 수 있다고 한다. 교육비, 생활비는 증여세가 없다고 했으니 손자의 유학경비는 증여세 없이 송금이 가능하지 않을까?

유학생 자녀가 장학금을 받았다면, 교육비로 보낸 돈은 모두 증여세 대상일까요? 그렇지는 않습니다. 부모로부터 받은 생활비와 교육비를 용도에 맞게 사용한다면 비과세가 되겠지만, 받은 교육비와 생활비의 일부를 아껴 금융자산에 투자하거나 부동산 등을 구입한다면 증여에 해당합니다. 결국 목적에 맞게 사용했는지 여부를 검토해야 합니다.

그렇다면 손자녀의 유학비를 할아버지가 지원해주는 경우는 아무런 문제가 없을까요? 상황에 따라 증여가 될 수도 안 될 수도 있습니다. 부모 중 한 명이 사망해 생계를 유지해 나가기 힘들어 조부모가 지원하는 교육비, 생활비는 증여세 이슈가 없지만, 부모가 충분히 부양할 수 있는 능력이 있음에도 불구하고 조부모가 손자녀를 위해 지원해주는 생활비, 교육비는 증여에 해당합니다.

재산-4168, 2008.12.10.
타인의 증여에 의해 재산을 취득한 자는 상증세법 제2조 및 제4조의 규정에 의해 증여세를 납부할 의무가 있는 것이며, 부양의무가 없는 조부가 손자의 생활비 또는 교육비를 부담한 경우는 같은 법 제46조 제5호에서 규정하는 비과세되는 증여재산에 해당하지 않는 것임. 귀 질의의 경우 조부가 손자를 부양할 의무가 있는지 여부는 부모의 부양 능력 등 구체적인 사실을 확인해 판단할 사항임.

10년 내 합산되는 증여재산, 어디까지일까?

직계존비속으로부터 증여받는 경우에는 10년간 증여한 금액을 합산합니다. 그리고 세금 없이 증여할 수 있는 증여재산공제는 성인은 10년에 5천만 원까지 가능하고 미성년자는 10년에 2천만 원까지 가능합니다. 이와 관련해 많이 받는 질문을 케이스별로 살펴보고자 합니다.

🎯 매년 1억 원씩 받으면
매년 10% 세율로 증여할 수 있을까?

증여세는 증여재산공제액을 초과하는 금액부터 세금이 발생합니다. 증여재산공제 초과분에 대해 1억 원까지 10%, 1억 원 초과 5억 원까지 20%, 최대 30억 원을 초과하는 부분에 대해서는 50%의 세율을 적용하는데, 이를 '초과누진세율 구조'라고 합니다.

예를 들어 2억 원을 성인 자녀에게 증여하면, 증여재산공제 5천만 원을 제외하고 1억 원에 대해 10%의 세율을 곱하고 5천만 원에 대해서는 20%의 세율을 곱해 증여세가 계산됩니다.

그럼 매년 1억 원씩 받으면 매년 10%의 세율로 증여할 수 있을까요? 그렇지 않습니다. 증여세는 10년간 동일인으로부터 증여받은 금액을 합산하게 되어 있습니다. 따라서 올해 1억 원을 받고 내년에 또 1억 원을 받는다면 마지막 증여받은 금액을 기준으로 과거 10년간 증여받은 금액을 합산해 증여세를 계산하고, 기존에 낸 세금만큼은 이중과세를 방지하고자 차감하는 구조(기납부세액)를 띠고 있습니다.

1년 차 1억 원 증여 시: 1억 원×10%=1천만 원
2년 차 1억 원 증여 시: 2억 원×20%-1천만 원(기납부세액)=3천만 원
* 증여재산공제는 없다고 가정

🎯 가족들로부터 증여받는 8가지 경우

가족들로부터 증여받을 수 있는 케이스를 정리해봤습니다.

case 1) 아빠가 5천만 원, 엄마가 5천만 원을 증여하는 경우

case 2) 아빠가 5천만 원, 계모가 5천만 원을 증여하는 경우

case 3) 아빠가 5천만 원, 할아버지가 5천만 원을 증여하는 경우

case 4) 할아버지가 5천만 원, 할머니가 5천만 원을 증여하는 경우

case 5) 장인어른이 5천만 원, 장모님이 5천만 원을 증여하는 경우

case 6) 아빠가 5천만 원을 증여 후 사망, 10년 내 엄마가 5천만 원을 증여
하는 경우

case 7) 아빠가 5천만 원을 증여 후 이혼, 10년 내 엄마가 5천만 원을 증여
하는 경우

case 8) 아빠가 5천만 원을 증여 후 사망, 계모가 5천만 원을 증여하는 경우

상증세법 집행기준을 보면 증여재산의 합산과 관련해 규정
한 내용이 있습니다.

위 사례를 하나씩 살펴보도록 하겠습니다.

case 1) 아빠가 5천만 원, 엄마가 5천만 원을 증여하는 경우

세법에서 부모는 같은 사람(동일인)으로 봅니다. 하여 총증
여재산가액은 1억 원이고, 이 중 증여재산공제 5천만 원을 해
줍니다.

case 2) 아빠가 5천만 원, 계모가 5천만 원을 증여하는 경우

계모는 동일인으로 보지 않습니다. 따라서 각각 5천만 원씩
준 것으로 봅니다. 다만, 증여재산공제를 생각할 때는 받는 사람
(수증자)를 기준으로 직계존속으로부터 받은 것으로 규정해 5천
만 원만 공제해줍니다.

case 3) 아빠가 5천만 원, 할아버지가 5천만 원을 증여하는 경우

아빠와 할아버지는 동일인이 아닙니다. 따라서 증여재산가액

은 각각 5천만 원으로 봅니다. 다만, 증여재산공제는 받는 사람 기준으로 직계존속으로부터 받은 것으로 규정해 5천만 원만 공제해줍니다.

case 4) 할아버지가 5천만 원, 할머니가 5천만 원을 증여하는 경우

세법에서 부부는 같은 사람으로 봅니다. 하여 총증여재산가액은 1억 원이고, 이 중 증여재산공제 5천만 원을 해줍니다.

case 5) 장인어른이 5천만 원, 장모님이 5천만 원을 증여하는 경우

장인어른과 장모님도 부부이기 때문에 동일인으로 볼 것 같지만, 세법에서 부모는 동일인으로 보되 장인어른과 장모님은 각각 다른 사람으로 봅니다.

그래서 증여재산가액은 각각 5천만 원을 기준으로 세금을 계산합니다. 이 중 증여재산공제는 1천만 원만 해줍니다. 장인어른, 장모님은 직계존속이 아니라 기타친족이기 때문입니다.

case 6) 아빠가 5천만 원을 증여 후 사망, 10년 내 엄마가 5천만 원을 증여하는 경우

앞서 부모는 같은 사람으로 본다고 말씀드렸습니다. 하지만 상속은 예측할 수 있는 사건이 아니기 때문에 예외 규정을 두고 있습니다. 그래서 부모로부터 증여받은 금액이 1억 원이지만, 합산하지 않고 각각으로부터 5천만 원을 증여받은 것으로 봅니다.

다만, 그렇더라도 증여재산공제를 두 번 해주지는 않습니다. 수증자 기준으로 10년에 5천만 원까지만 가능하기 때문입니다.

case 7) 아빠가 5천만 원 증여 후 이혼, 10년 내 엄마가 5천만 원을 증여하는 경우

이혼한 경우는 어떨까요? 이혼한 경우에도 자녀 기준으로는 피가 섞인 부모지만, 각각 별개의 독립된 사람으로 규정해 증여재산가액은 각각 5천만 원입니다.

case 8) 아빠가 5천만 원을 증여 후 사망, 계모가 5천만 원을 증여하는 경우

증여자가 부와 계모(또는 모와 계부)는 동일인에 포함되지 않는다고 앞서 살펴봤습니다. 그래서 각각 5천만 원씩 증여한 것으로 규정해 증여세를 계산합니다.

그리고 혼인 중인 배우자라면 직계존속과 동일하게 증여재산공제를 적용받지만, 직계존속의 사망으로 혼인이 지속되지 않은 상태의 계부, 계모는 인척으로 규정해 1천만 원 증여재산공제를 별도로 받게 됩니다.

▶ 동일인으로부터 재차증여재산 합산과세 시 동일인 범위

당해 증여자	10년 내 증여자	관계	합산 여부
부	모	부부	O
부	모	이혼 또는 사별	X
부	계모	부부	X
장인	장모	부부	X
조부	조모	부부	O
부	조부	부자	X

손자녀 증여에서 꼭 기억해야 할 것들

세대생략 증여란 조부모가 자녀를 건너뛰고 손주에게 직접 재산을 증여하는 걸 말합니다. '손자녀 증여'라고도 부릅니다. 100세 시대가 도래해 평균 수명이 늘어나면서 50~60대가 된 자녀보다 어린 손자녀에게 증여를 고민하는 사람들이 많아졌습니다.

손자녀 증여는 경제 활동을 활발하게 하는 젊은 층에게 재산이 이전되면 재산이 저축되기보다 투자나 소비될 확률이 높아지기 때문에 국가 경제적으로도 긍정적인 측면이 있지만, 한편으로 손자녀 증여가 증여세 회피 수단으로 사용되고 있음을 지적하는 의견도 많습니다.

손자녀 증여가 절세에 도움이 되는지, 그 이유가 무엇인지 알아보겠습니다.

🎯 손자녀 증여는 절세에 도움이 될까?

세금 측면에서는 크게 두 가지 장점이 있습니다.

1) 증여세를 한 번만 낼 수 있습니다

일반적으로 조부모가 자녀에게 증여할 때 증여세를 납부하고, 추후 자녀가 손자녀에게 증여할 때 증여세를 한 번 더 부담해야 합니다. 그에 비해 손자녀에게 바로 증여하면 증여세를 한 번만 낼 수 있습니다.

세대생략 증여를 활용한 조세 회피 행위를 막기 위해 세법에서는 세대생략 증여에 대해 증여세의 30%(미성년자에게 재산가액 20억 원을 초과한 증여에 대해서는 40%)를 할증 가산세로 추가 납부하도록 하고 있습니다.

그럼에도 불구하고 증여세 두 번보다는 한 번에 130%의 증여세를 내는 게 세금 측면에서 더 유리하다고 할 수 있습니다.

▶ 손자녀 증여 절세 사례

구분	순차적 증여	세대생략 증여
증여재산가액	20억 원	20억 원
1차 증여세	6억 원	7억 8천만 원
세후 증여재산가액	14억 원	-
2차 증여세	3억 7천만 원	-
증여세 합계액	9억 7천만 원	7억 8천만 원
차이	1억 9천만 원(▼20%)	

* 순차적 증여는 현금 20억 원 증여 후 세후 현금을 재차 증여한다고 가정. 세대생략 증여는 20억 원 증여 가정. 손자녀는 성인이고, 기증여가 없다고 가정(증여재산공제 5천만 원).
** 증여세 신고세액공제 3% 반영

2) 손자녀 증여 후 5년이 지나면 상속재산에 합산하지 않습니다

상속세 계산을 위한 상속재산가액에는 상속개시일로부터 10년 내에 상속인에게 한 증여재산가액을 합산합니다. 사전증여를 통해 10~30%의 낮은 세율을 적용받았더라도, 10년 안에 상속이 발생하면 증여가액이 상속재산에 합산되어 다시 40~50%의 높은 세율로 추가 납부해야 하는 상황이 됩니다.

> ## TIP
> ### 상속재산에 포함하는 생전증여재산의 범위
>
> 상속인: 상속개시일로부터 10년 내 증여
> 상속인 외의 자: 상속개시일로부터 5년 내 증여

따라서 상속세 절세효과를 위해서는 사전증여 후에 상속재산 합산기간이 지나야 합니다.

상속인 외의 자에게 한 증여는 상속개시일로부터 5년 내 증여재산가액만 합산대상이 되는데, 이때 손자녀는 상속인 외의 자에 해당합니다. 일반적으로 상속인에게는 증여 후 10년이 지나야 하지만, 세대생략 증여를 한 경우에는 5년이 지나면 조부모의 상속세 계산 시 합산과세를 피할 수 있는 것입니다.

마찬가지로 사위, 며느리도 상속인 외의 자에게 속하기 때문에 사위나 며느리에게 사전증여를 하고 5년이 지나면 상속재산에 합산되지 않을 수 있습니다.

🎯 손자녀 증여는 언제 활용해야 할까?

세대생략 증여의 장점을 생각할 때, 다음의 경우에 세대생략 증여를 통한 상속세 절세 방법을 추천드립니다.

자녀에게 이미 어느 정도 물려준 재산이 있어 자녀에게 추가로 증여해도 재산이 나중에 그대로 손자녀에게 다시 증여할 것으로 예상되는 경우와 고령이라 10년은 부담되지만 5년 정도는 건강을 유지할 수 있다고 판단되는 경우입니다.

보험상품을 활용한 증여세 절세 비법

소득이 없는 자녀 또는 배우자를 계약자와 수익자로 설정해 보험상품을 가입하는 경우가 있습니다. 5년 전만 하더라도 보험에 가입하고 10년이 지난 후에 보험금을 수령하면 자녀들의 소득과 재산이 쌓이는 나이가 되기 때문에 보험금을 수령하더라도 금액적 희석 효과가 있어, 세무서 조사를 피할 수 있는 것처럼 금융기관에서 대대적으로 홍보하기도 했습니다. 하지만 지금은 금융기관이 보험금을 지급하는 시점에 지급명세서를 제출할 의무가 있어 국세청에 정보가 전달되기 때문에, 증여 신고 없이 보험금을 수령한 경우 세무조사 대상이 되기도 합니다.

🎯 보험금은 일반증여와 과세 시점이 다르다

일반적인 재산 증여는 증여한 날을 증여 시점으로 봅니다. 자녀의 통장에 예금을 이체한 때나 부동산의 등기를 이전한 때를 증여가 발생한 것으로 규정해 증여세를 신고·납부하는 것입니다. 그리고 재산을 증여한 후에 발생하는 이자 또는 임대수익에 대해서는 별도의 증여세를 부과하지 않습니다.

보험은 보험계약자와 수익자가 다른 경우 보험금 수령액을 증여받은 것으로 봅니다. 보험 가입을 타인 자금으로 하는 경우 보험료 납입액이 아닌 실 수령액을 증여로 본다는 것입니다.

보험이 일반증여와 다른 점은, 보험상품에 가입한 납입금액이 아닌 보험 만기 시점에 보험차익을 포함한 보험료 수령금액 전체에 대해 과세하고 증여로 보는 시점을 보험사고 발생일 또는 만기지급 시점으로 판단한다는 것입니다. 가입 시점에 국세청에서 증여 여부를 파악하기 어렵고, 보험 특성상 가입한 지 10년이 지난 후 지급받으므로 불입 시점의 과세권을 확보하기 어려울 수 있기 때문입니다.

한편, 보험료 납부를 증여받은 현금으로 하는 경우 불입 시점에 현금 증여로 보고 추후 보험료 수령 시점에 보험차익에 대해 보험금 증여로 규정해 과세합니다. 보험은 보험 계약자, 피보험자 그리고 보험 수익자가 존재하지만, 세법에서는 보험료 납부

증여세 과세대상 보험계약

- 생명보험, 손해보험에서 보험금 수령인과 보험료 납부자가 다른 경우
- 보험계약기간에 보험금 수령인이 타인으로부터 재산을 증여받아 보험료를 납부한 경우

증여 시점

보험증권 등에 기재된 보험사고(만기보험금 지급 경우를 포함)가 발생한 때

자와 보험 수익자가 중요한 판단기준이 됩니다.

보험 계약자와 납입자가 부모이고 수익자가 자녀인 경우뿐 아니라 보험 계약자가 자녀라 하더라도 실제 보험료 납입자금이 부모로부터 납부된 것이라면, 모두 증여세 과세대상으로 보는 것입니다.

만약, 보험계약 전에 보험료 상당액을 아버지로부터 금전으로 증여받았다면 현금 증여로 규정해 현금을 증여한 날에 증여세가 과세되고, 이후 보험사고가 발생한 경우 보험금으로 수령한 금액에서 과거 현금 증여로 과세된 보험료 납부액을 차감한 차액(보험금 총액-타인재산 수증분으로 불입한 보험료)에 대해 추가로 증여세가 과세됩니다.

반면, 보험계약상 보험 계약자와 보험 수익자가 다른 경우라

▶ 보험금의 증여세 과세 규정 요약

구분	내용
과세 요건	① 생명보험이나 손해보험에서 보험금 수령인과 보험료 납부자가 다른 경우 ② 보험계약기간에 보험금 수령인이 타인으로부터 재산을 증여받아 보험료를 납부한 경우
납세의무자	보험금 수령인
증여 시기	보험사고 발생일(만기 보험금 지급도 보험사고에 포함)
증여재산가액	1) 보험료 불입자와 보험금 수령인이 다른 경우 　① 보험료를 전액 타인이 불입한 경우 　　증여이익=당해 보험금 　② 보험료를 일부 타인이 부담한 경우 　　증여이익=당해 보험금×(보험금 수취인 외의 자가 불입한 보험료/전체 불입 보험료 총액) 2) 보험료 불입자와 보험금 수령인이 동일한 경우 　① 보험료를 전액 타인재산 수증분으로 불입한 경우 　　증여이익=보험금-보험료 불입액 　② 보험료를 일부 타인재산 수증분으로 불입한 경우 　　증여이익=당해 보험금×(보험금 수취인 외의 자가 불입한 보험료/전체 불입 보험료 총액)-타인 재산 수증분으로 불입한 보험료 - 타인재산 수증분으로 불입한 보험료는 현금 등 증여로 증여세 과세

도 실질적으로 보험금 수령인이 보험료를 납부해 보험료 불입자와 보험금 수령인이 동일한 경우에는 증여세가 과세되지 않습니다. 보험료 불입의 일부를 수익자가 납입했다면, 총납입보험료에서 수익자가 납입한 보험료의 비율만큼 향후 수익하는 보험금의 일부는 증여재산가액에서 제외됩니다.

🎯 보험금 수령 시 국세청은 알고 있다

세법에 따라 보험금을 지급하거나 명의변경을 하는 경우 금융기관은 국세청에 지급명세서를 제출합니다. 이때 제출되는 정보는 보험의 종류·지급보험금액·보험금지급사유·보험계약일·보험사고발생일(중도해지일)·보험금수취인·보험계약자 및 명의변경일자 등 보험금(해약환급금 및 중도인출금 포함) 지급 내용과 명의변경 내용입니다. 만약, 연금 형태로 나눠 지급받는 경우 보험료 누적 지급액이 1천만 원을 초과하면 지급명세서 제출 대상이 됩니다. 따라서 가입한 지 10년이 지났다고 보험료 수령 사실을 국세청에서 알 수 없을 거라고 여기는 건 잘못된 생각입니다.

예전에 가입한 보험상품이 만기가 도래해 지급받는 시점을 고민하는 분들이 많습니다. 이 경우 보험금 수령 시점을 증여로 규정하니, 증여세 신고를 할지 여부를 신중하게 결정해야 합니다.

TIP

보험계약 용어

보험계약자: 자기 명의로 보험자와 보험계약을 체결하고 자신이 보험료를 지급할 의무를 부담하는 자
피보험자: 보험사고가 발생할 객체가 되는 자
보험수익자: 보험금을 지급받을 수 있는 자

🎯 생명보험은 계약 형태에 따라 상속증여세를 내지 않을 수 있다

피보험자의 사망 시점에 사망보험금을 지급하는 생명보험은 상속을 준비할 수 있는 금융상품 중 하나입니다. 재산의 대부분이 현금화가 어려운 부동산이나 비상장법인의 주식으로 보유하고 있는 경우에는 갑작스러운 사망 후 유족들이 상속세를 마련하기 어려울 수 있습니다. 이때 사망보험금은 갑작스러운 상황을 대비할 수 있는 재원으로서, 상속의 수단인 동시에 상속세 납부 재원을 마련하는 데에도 도움이 됩니다.

생명보험은 계약자, 피보험자, 수익자가 동일인인지 여부에 따라 달리 과세됩니다. 잘 활용하면 상속세 없이 상속세 납부 재원을 마련하는 방법이 되기도 합니다.

1) 피상속인이 계약자이면서 피보험자이고 수익자가 피상속인 또는 상속인인 경우에는 상속재산으로 봅니다. 예를 들어 아버지가 계약자이면서 피보험자 및 수익자라면 상속재산으로 포함되고, 수익자가 상속인인 경우에는 간주상속재산으로 포함되어 상속세로 과세됩니다.

2) 계약자와 피보험자 그리고 수익자가 모두 일치하지 않는 경우에는 증여세가 과세됩니다. 예를 들어 어머니가 보험계약을

체결하면서 피보험자를 아버지로 하고 수익자를 아들로 한 경우, 피보험자인 아버지가 사망하면 어머니가 납입한 보험료로 아들이 보험금을 받게 되는 것이니 아들이 어머니로부터 보험금을 증여받은 것으로 규정해 증여세가 과세됩니다.

3) 계약자와 수익자가 일치하는 경우에는 과세대상이 아닙니다. 어머니 또는 아들이 보험계약을 체결하면서 피보험자를 아버지로 하고 수익자를 본인으로 한 경우에는, 본인이 납부한 보험료에 대한 보험금을 수령하게 되는 것이니 상속재산에 해당하지 않습니다. 상속세 과세 없이 상속세 납부 재원을 마련하는 방법으로 유용하게 사용됩니다.

▶ 생명보험 유형

유형	계약자(납입자)	피보험자	수익자	과세내용
1)	부	부	부	상속세
	부	부	자	
2)	모	부	자	증여세
3)	모	부	모	과세 안 됨
	자	부	자	

부담부증여,
부동산 절세의 기술

재산이 많을 경우, 사전증여가 필수인 시대가 되었습니다. 집 한 채만 갖고 있어도, 지금처럼 집값이 끝 모르고 오른다면 누구나 상속세를 걱정해야 하는 시대가 멀지 않은 것 같습니다. 하물며, 서울에 집 두 채를 갖고 있는 경우에는 상속세뿐만 아니라 높아진 종합부동산세와 양도소득세까지 걱정해야 하는 시대가 되었습니다. 갖고 있는 집들을 팔기엔 아깝고 갖고 있기엔 너무 부담스러운 상황에서, 자녀에게 증여하는 선택을 하는 분들이 많습니다.

🎯 부동산 절세의 기술, 부담부증여

아무리 좋은 부동산이라도 증여를 받으면 수증자인 자녀가 증여세를 내야 합니다. 하지만 막 취업한 자녀에게 부동산, 특히 아파트처럼 시세파악이 용이한 자산을 증여할 경우 공시가격이 아닌 매매사례가액이 증여재산가액으로 평가되어 자녀가 내야 하는 증여세 부담이 상당합니다.

이런 이유로 증여할 아파트의 전세보증금이나 담보대출을 최대한으로 높인 후 자녀에게 채무를 같이 증여하는 형태를 많이 취하는데, 이를 부담부증여(負擔附贈與)라고 합니다.

향후 전세보증금이나 자녀가 채무를 상환해야 하는 부담을 안기 때문에, 자녀는 증여재산가액에서 채무 부분을 제외한 만큼만 증여세를 내면 됩니다. 반면, 채무를 넘기는 부모 입장에서는 보증금 또는 채무 부분만큼은 판 것으로 규정해 양도소득세를 내게 되는 것입니다.

증여대상 부동산의 평가금액: 8억 원

취득가액(취득세 등 부대비용 포함): 2억 원

보유기간: 15년

대출금액: 4억 원

▶ 순수증여와 부담부증여 계산 예시

구분	순수증여 (1억 6천만 원)	부담부증여(1억 2,300만 원)		
		증여세	양도소득세	
증여재산가액	8억 원	8억 원	양도가액	4억 원
채무액	0	4억 원	취득가액	1억 원
증여재산공제	5천만 원	5천만 원	공제 등*	9,250만 원
과세표준	7억 5천만 원	3억 5천만 원	과세표준	2억 750만 원
산출세액	1억 6,500만 원	6천만 원	양도소득세	5,891만 원
납부세액	1억 6,005만 원	5,820만 원	총납부세액	6,480만 1천 원

* 장기보유특별공제: 30%, 양도소득기본공제: 250만 원
** 순수증여 시 총납부세액 1억 6천만 원
*** 부담부증여 시 총납부세액 1억 2,300만 원(증여세 5,820만 원, 양도소득세 6,480만 원)

▶ 부담부증여 활용 시

구분	세목	납세의무자
채무인수액 (담보채무 또는 보증금)	양도소득세	증여자
재산평가액-채무인수액	증여세	수증자

앞서 사례에서 부동산의 시세는 8억 원이고 대출금은 4억 원이라고 가정해보겠습니다. 부담부증여를 통해 자녀에게 증여한다면 전세보증금 4억 원에 해당하는 부분에 대해 부모가 양도소득세를 내고, 자녀는 4억 원(8억 원-보증금 4억 원)에 해당하는 증여세 5,820만 원만 납부하면 됩니다.

🎯 부담부증여의 요건

첫째, 증여일 현재 증여재산에 담보된 채무(대출금, 전세보증금)가 존재해야 합니다. 둘째, 수증자에게 넘어가는 채무는 반드시 증여자의 채무여야 합니다. 셋째, 채무를 반드시 증여받는 사람이 인수해야 합니다.

따라서 증여자의 신용대출이나 증여자가 담보를 제공하고 설정된 제3자의 채무가 있는 경우에는 부담부증여가 성립하지 못합니다. 또한 부담부증여는 증여계약서상 증여자의 채무를 수증자에게 이전시킨다는 내용을 명확히 기재해야 하며 소유권이 전등기 및 임대차계약서 등을 재작성하는 게 좋습니다.

🎯 부담부증여의 장점

첫째, 양도와 증여로 나눠 계산하기 때문에 총세금이 줄어들 수 있습니다. 특히, 양도소득세는 취득가액을 제외한 양도차익에 대해 과세되기 때문에 취득가액이 높은 경우에는 그 효과가 큽니다.

둘째, 양도소득세는 양도하는 사람, 즉 증여자가 신고·납부합니다. 따라서 수증자인 자녀의 세 부담이 줄어듭니다. 수증자의 납부재원이 부족한 경우에는 증여세 납부를 위해 추가로 현금 증여를 해야 하는 경우가 많습니다. 부담부증여를 활용해 자녀의 세 부담을 낮출 수 있습니다.

🎯 부담부증여 시 유의할 점

다주택자 양도소득세 중과세 규정으로 부담부증여를 통해 기대했던 세액 절감효과가 크지 않거나, 도리어 더 많은 세금이 나오는 경우가 있으니 주의해야 합니다.

1) 증여자가 다주택자인 경우에는 양도소득세 중과 규정이 적용됩니다
부담부증여 시 부동산의 담보채무 또는 전세보증금 등 채무가액은 양도소득세로 과세됩니다. 이때 양도소득세 계산은 제3자에게 양도할 때와 동일하게 양도자, 즉 증여자의 주택 수에 따라 결정됩니다. 따라서 증여자가 다주택자라면 조정대상지역 내 주택을 부담부증여할 때 양도소득세 계산 시 다주택 중과 규정이 적용됩니다(2025년 5월 9일까지 다주택자 중과 규정 유예).

즉, 장기보유특별공제는 적용되지 않고 기본세율 외에 중과된 세율(2주택자는 +20%, 3주택 이상은 +30%)로 과세됩니다. 이 때문에 도리어 채무인수 없이 순수증여했을 때보다 세금이 많이

▶ 순수증여와 부담부증여

구분	순수증여 (1억 6천만 원)	부담부증여(2억 3,400만 원)			
		증여세	양도 소득세	일반세율	2주택 중과세율 (+20%)
증여재산 가액	8억 원	8억 원	양도가액	4억 원	4억 원
채무액	0	4천만 원	취득가액	1억 원	1억 원
증여재산 공제	5천만 원	5천만 원	공제 등	9,250만 원	250만 원
과세표준	7억 5천만 원	3억 5천만 원	과세표준	2억 750만 원	2억 9,750만 원
산출세액	1억 6,500만 원	6천만 원	양도소득세	5,891만 원	1억 5,261만 원
납부세액	1억 6,005만 원	5,820만 원	총납부세액	6,480만 1천 원	1억 6,787만 1천 원

* 순수증여 시 총납부세액 1억 6천만 원
** 부담부증여 시 총납부세액
   양도세 일반세율 적용 시 1억 2,300만 원(증여세 5,820만 원, 양도소득세 6,480만 원)
   양도세 중과세율 적용 시 2억 2,607만 원(증여세 5,820만 원, 양도소득세 1억 6,787만 원)
*** 2025년 5월 9일 양도분까지 다주택자 중과세율 한시적 배제 적용 중

발생하기도 합니다.

2) 채무인수가 가능한지 미리 확인해보자

최근 금융권의 소득대비부채상환비율인 DTI(Debt To Income) 규정이 강화되었습니다. 기존 주택담보대출이 있는 상황이라면, 바뀐 신DTI 규정에 의해 수증자의 채무인수가 가능한지 먼저 확인해볼 필요가 있습니다. 실제로 세무 상담만으로 부담부증여

를 확정하고 등기부터 넘겼는데, 금융권에서 대출이 되지 않아 부담부증여를 하지 못한 사례들이 종종 발생하고 있습니다. 따라서, 대출이 안 된다면 채무 승계를 위해 월세를 전세보증금으로 전환하는 방법 등도 함께 사전에 조율할 필요가 있습니다.

3) 증여자와 수증자의 보유 주택 수에 따라 취득세율 중과 규정이 적용됩니다

이때 적용되는 취득세율은 증여 취득세율과 매매 취득세율로 나눠 계산합니다. 증여와 매매 취득세율 모두 주택 수에 따라 중과세율이 적용될 수 있습니다. 증여 취득세율은 증여자의 주택 수에 따라 다주택자가 조정대상지역 내 공시가격 3억 원 이상의 주택을 증여할 때는 12%(지방교육세, 농어촌특별세 포함 최고 13.4%)로 과세됩니다(일반증여 취득세율은 4%). 매매 취득세율은 수증자의 주택 수에 따라 조정대상지역 내 2주택 취득은 8%(최고 9%), 3주택 취득은 12%(최고 13.4%)로 과세됩니다(일반 매매 취득세율은 1.1~3.5%).

한편 2023년 주택의 취득세 중과세율을 완화하는 지방세법 개정이 추진되었으나 통과되지 않아 중과세율은 그대로 유지되고 있습니다.

▶ 취득세 중과

구분	조정대상지역	비조정대상지역
1주택	1~3%	
2주택	8%	1~3%
3주택	12%	8%
법인, 4주택↑	12%	12%
공시가 3억원 이상 주택 증여취득세	12%	3.5%

4) 소득이 없는 자녀에게 부담부증여할 때 취득세는 전체를 증여 취득세율로 과세됩니다

다주택자인 부모가 무주택자인 자녀에게 부담부증여를 할 때 취득세율이 크게 달라집니다.

> **TIP**
>
> ### 증여/매매 취득세율
> ———
> **증여 취득세율**: 다주택자가 조정대상지역 내 주택 증여 시 최고 13.4%
> **매매 취득세율**: 무주택자가 주택 취득 시 최고 3.5%

지방세법 제7조 제11항에서는 배우자 또는 직계존비속의 부동산을 취득하는 경우 원칙적으로 증여 취득으로 보고, 일정 요건을 충족하는 경우에만 유상 취득을 인정합니다. 이때 실무적으로 지자체에서는 수증자의 소득금액증명원이 확인되는 경우에만 유상취득으로 처리하고 있습니다.

따라서 소득이 없는 미성년자 또는 학생인 자녀에게 부담부증여할 때는 전체를 증여 취득세율로 과세하게 됩니다.

지방세법 제7조 [납세의무자 등]
⑪ 배우자 또는 직계존비속의 부동산 등을 취득하는 경우에는 증여로 취득한 것으로 본다. 다만, 다음 각 호의 어느 하나에 해당하는 경우에는 유상으로 취득한 것으로 본다.
4. 해당 부동산 등의 취득을 위해 대가를 지급한 사실이 다음 각 목의 어느 하나에 의해 증명되는 경우
가. 대가를 지급하기 위한 취득자의 소득이 증명되는 경우
나. 소유재산을 처분 또는 담보한 금액으로 해당 부동산을 취득한 경우
다. 이미 상속세 또는 증여세를 과세(비과세 또는 감면받은 경우를 포함한다)받았거나 신고해 상속 또는 수증 재산의 가액으로 대가를 지급한 경우
라. 가목부터 다목까지에 준하는 것으로서 취득자의 재산으로 대가를 지급한 사실이 입증되는 경우

5) 피부양자에게 임대수익이 발생하는 자산을 증여하면, 지역가입자로 전환됩니다

소득이 없는 자녀는 보통 직장가입자인 부모의 피부양자 자격으로 건강보험료가 나오지 않습니다. 피부양자 자격은 연간 소득금액 2천만 원 이하인 경우에 유지할 수 있지만, 사업자등록을 하고 사업소득이 발생하면 바로 피부양자에서 박탈됩니다.

따라서 임대수익이 발생하는 상가 건물을 자녀에게 증여하는 경우에는 건강보험료 피부양자 박탈로 예상하지 못한 비용이 지출되기도 합니다.

국민건강보험법 시행규칙(별표 1의 2) 피부양자 자격의 인정 기준 중 소득 및 재산 요건

1. 직장가입자의 피부양자가 되려는 사람은 다음 각 목에서 정하는 소득 요건을 모두 충족해야 한다.

   가. 영 제41조 제1항 각 호에 따른 소득의 합계액이 연간 2천만 원 이하일 것

   나. 영 제41조 제1항 제3호의 사업소득(이하 이 표에서 "사업소득"이라 한다)이 없을 것

   다만, 피부양자가 되려는 사람이 다음의 어느 하나에 해당하고, 사업소득의 합계액이 연간 500만 원 이하인 경우에는 사업소득이 없는 것으로 본다.

   1) 사업자등록이 되어 있지 않은 경우(「소득세법」 제19조 제1항 제12호에 따른 부동산업에서 발생하는 소득 중 주택임대소득이 있는 경우는 제외한다)

앞서 살펴본 것처럼 증여하고자 하는 물건의 종류, 가액, 주소지 그리고 수증자의 소득 상황에 따라 의사결정을 달리해야 합니다.

잘못한 증여,
취소할 수 있을까?

자녀에게 증여했다가 반환을 결정하는 경우가 있습니다.

현금을 증여했다가 급하게 다시 사용할 일이 생겨 반환하는 경우도 있고, 상장주식을 증여한 후 2개월 동안 주가가 급등해 증여세가 많이 나올 우려가 있을 때도 증여 취소를 하곤 합니다. 또는 자녀에게 증여했다가 도리어 자녀와의 관계가 나빠져 증여한 재산을 다시 환원하는 경우도 있습니다.

증여했던 재산을 돌려받는 것에 대해 추가로 세금이 나온다고 생각하지 못하고 이전등기를 했다가 세금 추징을 당하기도 합니다.

🎯 증여 후 취소 시기에 따라 과세 여부가 달라진다

증여받은 재산을 증여자에게 반환하거나 다시 증여하는 경우, 반환 등이 증여세 신고기한 이내인지 또는 증여세 신고기한 지난 후 3개월 이내인지 여부에 따라 증여세 과세방법이 각각 달라집니다. 원칙적으로 증여 후 취소하면 당초 증여 시점과 반환 시점에 각각 증여한 것으로 규정해 과세합니다. 하지만 상증세법에는 단기간 내에 증여 후 반환하는 경우 일부 또는 전체 증여세를 면제하는 규정이 있습니다(상증세법 제4조 제4항).

1) 증여세 신고기한 이내 반환(증여일~증여한 달의 말일부터 3개월 이내) - 모두 비과세

증여를 받은 후 수증자가 증여세 과세표준 신고기한(증여일이 속하는 달의 말일부터 3개월) 이내에 증여자에게 반환하는 경우에는 처음부터 증여가 없었던 것으로 봅니다. 따라서 당초 증여 및 반환 행위 모두 증여세가 과세되지 않습니다. 상장주식은 증여재산의 평가를 증여한 날 전후 2개월 동안의 종가 평균으로 합니다. 주식이 저가일 때 증여를 결정했다가 의도하지 않게 증여일 이후 2개월 동안 주가가 급격하게 상승하면, 증여한 날이 속하는 달의 말일로부터 3개월 이내에는 취소가 가능합니다. 실제

▶ 신고기한 이내 반환에 따른 증여세 여부

구분	당초 증여	반환
신고기한 이내 반환	증여세 ×	증여세 ×
신고기한으로부터 3개월 이내 반환	증여세 O	증여세 ×
신고기한으로부터 3개월 경과 후 반환	증여세 O	증여세 O

이런 이유로 상장기업 최대주주가 증여 공시를 했다가 3개월 이내에 취소 공시하는 사례를 종종 볼 수 있습니다.

2) 증여세 신고기한으로부터 3개월 이내 반환(증여한 달의 말일부터 3~6개월 이내) - 당초 증여만 과세

수증자가 증여세 과세표준 신고기한으로부터 3개월 이내에 증여자에게 반환하거나 다시 증여하는 경우, 당초 증여에 대해서는 과세하되 반환하거나 증여하는 것에 대해서는 증여세를 부과하지 않습니다. 즉, 증여한 달의 말일로부터 3~6개월 이내에 증여를 취소하면 당초 증여 행위는 유효하므로 당초 증여에 대해서는 증여세가 과세되는 것이며 반환 행위에 대해서만 증여세가 과세되지 않는 것입니다.

3) 증여세 신고기한으로부터 3개월 경과 후 반환(증여한 달의 말일부터 6개월 이후) - 모두 과세

수증자가 증여세 과세표준 신고기한으로부터 3개월이 지난 후 증여자에게 반환하거나 다시 증여하는 경우에는, 당초 증여와 반환 또는 재증여 모두 증여세를 부과합니다. 즉, 증여한 달의 말일로부터 6개월이 지난 후에 취소하면 당초 증여 행위와 반환 행위 모두 증여세가 과세됩니다.

금전의 반환은 반환 시기와 관계없이 당초 증여와 반환 모두 과세됩니다. 부모로부터 현금을 증여받은 후 반환한 경우, 당초 증여 및 반환 모두 증여세가 과세됩니다. 증여재산 반환 시 증여 세가 과세되지 않기 위해서는 당초 증여받은 재산과 동일한 재산을 반환해야 하는데, 현금은 동일자산 여부를 확인하기 어렵고 증여 여부 및 반환 여부 확인도 어려우므로 당초 증여 행위와 반환 행위 모두 증여세를 과세하는 것입니다.

증여가 취소되더라도 이미 납부한 취득세는 환급되지 않습니다. 증여 행위의 합의해제로 반환할 때의 취득세는 과세되지 않지만, 증여 등기를 하며 이미 납부한 취득세는 증여가 취소되더라도 환급은 되지 않으니 주의해야 합니다.

따라서 부동산을 증여할 때는 증여 후 신고기한인 3개월 이 내에 취소하면 당초 증여세는 환급받을 수 있지만 증여 등기로 이미 납부한 취득세는 돌려받을 수 없습니다.

자금출처조사,
미리 알고 대비하는 법

최근 국세청에서 변칙적인 증여 행위에 대해 미성년자, 사회초년생 등을 중심으로 강도 높은 자금출처조사를 진행하고 있습니다. 국세청은 재산취득 또는 채무상환 자금의 출처를 조사하고, 출처가 불명확한 경우에 증여받은 것으로 추정해 과세합니다.

과거에는 주로 부동산을 취득하는 경우 자금출처조사를 했는데, 최근에는 고액전세자금과 대출금상환자금에 대해서도 빈번하게 조사가 이뤄집니다. 그리고 2020년부터는 조정지역 내 주택 구입 시 국토교통부에 제출하는 자금조달계획서에 대해서도 상시 확인해 조사 대상자로 선정하고 있습니다.

취득자금을 입증하지 못하면 증여세뿐만 아니라 가산세까지도 추징되므로, 자금출처조사가 나올 것에 미리 대비하는 게 중요합니다.

자금출처조사가 무엇이고, 어떻게 대비하는 게 좋을지 알아보겠습니다.

🎯 자금출처조사 대상자로 선정되는 이유

세무조사 대상자가 되는 사유는 여러 가지가 있는데, 최근에는 정보분석을 근거로 조사에 착수하는 경우가 많습니다. 국세청은 PCI 시스템 분석 자료와 금융회사, 금융정보분석원(FIU) 등으로부터 수집한 자료를 근거로 세금 탈루 혐의를 파악해 조사 대상자로 선정합니다.

'PCI 시스템'을 통해 재산증감, 소비지출, 소득신고 자료를 분석해, 소득이 없거나 상대적으로 적은 미성년자, 학생, 사회초년생, 주부 등이 고가의 재산을 취득하거나 거액의 채무를 상환한 경우에 조사 대상자로 선정됩니다.

예를 들어 F 씨가 작년에 벌어들인 소득이 1억 원이라고 국세청에 신고했는데 부동산 취득과 카드 지출액이 3억 원이라고

한다면, 시스템에 따라 F 씨는 2억 원의 자금출처가 불명확하기 때문에 세무조사 대상자로 선정될 수 있습니다.

더불어 금융회사로부터 수집하는 금융소득(이자·배당) 지급명세서를 통해 예금 보유액을 역산해, 신고된 소득에 비해 거액의 예금을 보유한 경우에도 조사 대상자로 선정됩니다.

또한 금융정보분석원으로부터 통보받은 '의심거래보고(STR)', '고액현금거래(CTR)' 자료를 활용해 고액의 현금거래가 빈번할 경우 선정되기도 합니다. 고액현금거래나 의심거래가 일회성으로 일어나는 경우는 괜찮지만, 빈번하게 발생하는 계좌에 대해서는 조사 가능성이 높아집니다. 고액현금거래를 회피하기 위해 자금을 분할해 입출금하는 건 탈세 목적일 가능성이 높다고 판단하기 때문입니다.

🎯 자금출처조사는 어떻게 진행될까

'자금출처조사'란 재산을 취득하거나 부채를 상환했을 때 그의 직업과 나이, 소득, 재산 상태 등으로 추정해 자력으로 해당 재산을 취득하거나 부채를 상환했다고 보기 어려운 경우, 제시한 소요 자금의 출처를 소명한 결과 부족한 자금을 증여받은 것으로 규정해 증여세를 과세하는 걸 말합니다.

조사 대상자로 선정되면, 본 조사가 시작되기 전에 국세청으로부터 소명안내문을 받습니다. 서면으로 자금출처 소명 증빙자료를 제출해 이를 입증해야 하며, 이 소명 결과에 따라 다음의 세 가지 유형으로 진행됩니다.

▶ 자금출처조사 소명안내문 예시

【상속세 및 증여세 사무처리규정 별지 제13호 서식】(2011. 4. 1. 개정)

NTS

기 관 명

재산 취득 자금출처에 대한 해명자료 제출 안내

문서번호 :   -

○ 성명 :   귀하   ○ 생년월일 :

안녕하십니까? 귀댁의 안녕과 화목을 기원합니다.

귀하가 아래의 재산을 취득한 것으로 확인되었으나 귀하의 소득 등으로 보아 자금원천이 확인되지 않는 부분이 있어 이 안내문을 보내드리니 **201 .   . .까지** 아래 재산 명세에 대한 취득자금과 관계된 증빙자료를 제출하여 주시기 바랍니다.

취득한 재산 명세	
제출할 서류	1. 계좌 ○○○○○ 거래 명세서 2. ○○동 ○○번지 취득계약서 사본 등 증빙 3. 취득자금에 대한 금융증빙 4. 기타 해명할 내용
해명 요청 사항	1. 구체적으로 해명사항을 요청함 2. 3.

요청한 자료를 제출하지 않거나 제출한 자료가 불충분할 때에는 사실 확인을 위한 조사를 할 수 있음을 알려드립니다.

년   월   일

기 관 장

위 내용과 관련하여 문의 사항이 있을 때에는 담당자에게 연락하시면 친절하게 상담해 드리겠습니다. 성실납세자가 우대받는 사회를 만드는 국세청이 되겠습니다.

◆담당자 : ○○세무서 ○○○과 ○○○ 조사관(전화 :   , 전송 :   )

210㎜×297㎜(신문용지 54g/㎡)

286

1) 대부분의 출처가 확인되는 경우에는 무혐의로 조사 종결.

2) 자금출처가 충분히 입증되지 못했지만, 금액이 경미하고 증여 정황이 명확한 경우에는 입증되지 못한 금액에 대해 증여세를 기한 후 신고로 추징해 마무리.

3) 자금출처가 입증되지 않는 금액이 크고, 중대하거나 다른 혐의가 있을 것으로 예상되는 경우에는 본 세무조사 진행. 실제 조사가 시작되면 조사 대상자 본인뿐 아니라, 필요 시 부모 등 친인척 간의 자금흐름까지 추적하고, 사업자금 유용이 의심되면 개인과 사업체 통합 조사 진행.

자금출처조사를 받는다고 반드시 취득자금의 출처를 전부 입증해야 하는 건 아닙니다. 취득재산가액의 20%와 2억 원 중 적은 금액에 해당하는 가액만큼은 입증하지 못하더라도 증여세를 과세하지 않습니다.

만약, 입증해야 할 취득재산가액이 5억 원이라면 1억 원

▶ 자금출처조사 취득자금 입증

증여추정 제외 요건	미입증금액 < 취득재산가액×20%와 2억 원 중 적은 금액
증여재산가액	입증하지 못한 금액

- 취득자금이 10억 원 미만인 경우
  - 자금의 출처가 80% 이상 확인되면 나머지 부분은 소명하지 않아도 됨
- 취득자금이 10억 원 이상인 경우
  - 입증하지 못한 금액이 2억 원 미만인 경우에 취득자금 전체가 소명된 것으로 인정

▶ 취득재산가액 입증

재산취득금액	입증금액	미입증금액	증여재산가액
5억 원	4억 5천만 원	5천만 원 < 추정제외기준 1억 원 (MIN[1억 원(5억 원×20%), 2억 원])	-
5억 원	1억 원	4억 원 > 추정제외기준 1억 원	4억 원
15억 원	13억 5천만 원	1억 5천만 원 < 추정제외기준 2억 원 (MIN[3억 원(15억 원×20%), 2억 원])	-
15억 원	5억 원	10억 원 > 추정제외기준 2억 원	10억 원

(MIN[1억 원(5억 원×20%), 2억 원])까지는 입증하지 못해도 전부 입증한 것으로 봅니다. 하지만, 미입증된 금액이 추정제외기준을 초과하면 미입증된 전액이 증여재산가액이 되어 증여세로 추징됩니다.

모든 자금출처 소명은 반드시 증빙을 함께 갖춰야 합니다. 소득이나 증여 신고내역, 금융기관 차입금 등은 객관적인 증빙 마련이 쉽지만, 개인 간 차용으로 소명하기 위해서는 금융거래내역뿐만 아니라 차용증, 이자 지급내역, 수령증 등 증빙서류를 함께 준비해야 합니다.

출처 소명 시 주의해야 할 점은 소득금액에서 지출금액을 차감한 나머지가 인정된다는 것입니다. 예를 들어 5년간 근로소득이 5억 원이더라도 여기서 소득세, 신용카드 지출금액, 현금영수증 등 현금 지출금액은 제외됩니다.

▶ 자금출처 소명 증빙

구분	자금출처 인정금액	증빙서류
근로·퇴직·사업·금융소득	소득금액-소득세	원천징수영수증, 소득세 신고서
임대보증금	보증금 또는 전세금	임대차계약서
재산처분(부동산 등)	처분가액-양도소득세	매매계약서
현금·예금 수증	증여재산가액	통장사본, 증여세 신고서
금융기관 차입금	차입금액	부채증명서
사적 차입금	차입금액	차용증

또한 전세금이나 부동산 처분대금에 대해서는 원천까지 조사하고 금융기관 또는 사적 차입금으로 증명하는 경우에는 부채를 상환하는 과정까지 매년 정기적으로 사후관리합니다.

국세청에서 자금출처 조사 대상자로 선정할 때는 미리 PCI 시스템과 각종 연계자료를 통해 기본 분석을 하기 때문에, 이미 증여 추정금액이 있다는 확신이 있는 경우 진행됩니다.

따라서 고가의 재산 취득 전 증명가능한 금액을 미리 파악하고 그보다 과다한 재산의 취득은 되도록 삼가는 게 좋습니다. 특히 사회초년생, 학생, 주부 등 소득이 없는 이라면 더욱 조심해야 합니다. 만약, 부득이하게 취득한다면 금융기관 대출을 통해 자금의 명확한 출처를 확보할 필요가 있습니다.

국세청 PCI 시스템과 FIU 보고자료

소득-지출 분석 시스템(PCI)

국세청이 파악할 수 있는 납세자의 재산증감(Property), 소비지출
(Consumption), 소득(Income)을 비교해 분석하는 시스템입니다. 현금
의 수입으로 볼 수 있는 부동산, 주식 등 재산의 양도와 신고된 소득금
액, 증여세 또는 상속세 신고된 현금 등 합계액과 현금 지출 항목인 재
산의 취득, 신용카드 사용액, 현금영수증 발행액, 해외송금액 등 합계
액을 비교해 현금 수입보다 지출이 더 크면 탈루 혐의금액이 됩니다.

▶ PCI 분석 시스템

현금 지출	현금 수입
1. 부동산, 분양권 취득	1. 부동산, 분양권 양도
2. 주식(상장, 비상장) 취득	2. 주식(상장, 비상장) 양도
3. 금융자산 잔액(말일 현재)	3. 금융자산 잔액(시작일 현재)
4. 골프회원권 취득	4. 골프회원권 양도
5. 부채 상환	5. 부채 발생(보증금 승계)
6. 신용카드 사용액	6. 신고소득
7. 해외 송금	7. 증여신고금액
8. 세금 납부	

현금 지출 − 현금 수입 ⟶ ?억 원

금융정보분석원(FIU)에 수집되는 현금거래 자료

금융정보분석원은 금융기관으로부터 자금세탁 관련 혐의거래를 수집한 후 불법거래, 자금세탁 행위로 의심되는 거래를 국세청, 관세청, 금융위원회, 검찰 등에 제공하는 업무를 하고 있습니다. 금융기관은 고액현금거래 또는 의심되는 거래를 FIU에 의무적으로 보고하게 되어 있습니다.

1) 고액현금거래보고제도(CTR)

은행, 증권회사, 보험회사 등 금융기관에서 동일인이 현금으로 하루에 1천만 원 이상 입출금 거래 시 금융기관은 예금자의 신원과 거래일시, 거래금액 등의 사실을 FIU에 보고하는데, 고액현금거래보고제도(Currency Transaction Reporting System, CTR)라고 합니다. 이때 하루 동안 소액의 현금 입출금을 여러 번에 걸쳐 하는 경우에도 동일 금융기관에서 1천만 원이 넘는 거래를 하면 CTR 거래로 보고됩니다.

2) 의심거래보고제도(STR)

1천만 원 이상의 현금을 입금하거나 출금하면 FIU에 보고된다는 내용을 들은 분들이 이를 회피할 목적으로 대금을 분할해 하루에 1천만 원이 넘지 않도록 입출금하는 경우가 있습니다. 고액현금거래를 피하기 위해 1일 1천만 원 이하로 인출하거나 입금하는 행위를 계속 반복하는 경우에도 금융기관이 주관적인 판단하에 보고하게 되어 있는데, 이를 의심거래보고제도(Suspicious Transaction Report, STR)라고 합니다.

장애인 자녀를 위한 증여세 절세 전략

부모가 나이 들어 장애가 있는 자녀를 두고 먼저 세상을 떠나야 한다면, 걱정은 끝도 없을 것입니다. 이에 세법에서는 경제적 약자인 장애인이 재산을 상속증여받는 경우 여러 가지 세제 혜택을 지원하고 있습니다.

사례

G 씨는 홀로 3남매를 키우며 자수성가했지만 3남매 중 막내딸이 장애인이라 앞으로 본인 사망 후 막내딸의 생활보장을 위해 재산을 미리 증여하고자 합니다. 이 경우 향후 자녀의 생계지원 등을 대비한 수

단으로 보험에 가입한다면 자녀가 수익자일 때 증여세를 내지 않을 수 있을까요?

🎯 장애인 수령 보험금 연간 4천만 원의 증여세 비과세

장애인을 보험금 수령인으로 하는 보험에 가입하는 경우 보험금을 수령할 때 증여세가 비과세됩니다. 증여세가 비과세되는 보험금은 불입 보험료가 아닌 보험사고 발생 시 지급받는 보험금으로서, 연간 4천만 원을 한도로 인정합니다. 만약, 연금으로 보험금을 수령할 때 연금개시일을 보험사고일로 봐 매년 수령하는 연금액이 연간 4천만 원 이내인 경우 증여세가 비과세됩니다.

증여세 비과세 대상 장애인의 범위(소득세법 시행령 107조 제1항)
- 「장애인복지법」에 따른 장애인 및 「장애아동 복지지원법」에 따른 장애아동 중 「장애아동 복지지원법」 제21조 제1항에 따른 발달재활서비스를 지원받고 있는 사람
- 「국가유공자 등 예우 및 지원에 관한 법률」에 의한 상이자 및 이와 유사한 사람으로서 근로 능력이 없는 사람
- 제1호 및 제2호 외에 항시 치료를 요하는 중증환자

🎯 장애인 신탁을 활용한 5억 원 비과세 활용법

장애인 신탁은 스스로 재산을 관리할 수 없는 장애인을 위해 부모를 포함한 직계존비속·친족(6촌 이내의 혈족 또는 4촌 이내의 인척 등) 등이 증여한 재산을 신탁회사에 맡겨, 부모 등 증여자가 사망하더라도 장애인의 안정적인 생활자금을 마련할 수 있도록 지원하는 제도입니다.

장애인 신탁을 잘 활용하면 5억 원까지 증여세 없이 재산 이전이 가능합니다. 5억 원을 일반증여할 경우 약 7,800만 원의 증여세를 내야 하는 것과 비교해본다면 장애인 신탁의 절세효과가 크다는 것을 알 수 있습니다. 이런 혜택을 받기 위해서는 아래의 요건을 충족해야 합니다.

> **TIP**
>
> ## 장애인 신탁 가입으로
> ## 증여세 면제를 받기 위한 요건
> ---
> - 증여받아서 신탁하는 재산이 금전, 유가증권 또는 부동산일 것
> - 「자본시장과 금융투자업에 관한 법률」에 따른 신탁업자에게 신탁되었을 것
> - 장애인이 신탁의 이익 전부를 받는 수익자일 것
> - 신탁기간이 장애인이 사망할 때까지로 되어 있을 것. 다만, 장애인이 사망하기 전에 신탁기간이 끝나는 경우에는 장애인이 사망할 때까지 신탁기간을 계속 연장해야 함

다음 중 어느 하나에라도 해당하면 비과세받은 증여세를 추징하니 주의해야 합니다.

1) 신탁이 해지 또는 만료된 경우. 다만, 해지일 또는 만료일부터 1개월 이내에 신탁에 다시 가입한 경우는 제외
2) 신탁기간 중 수익자를 변경한 경우
3) 신탁의 이익 전부 또는 일부가 해당 장애인이 아닌 자에게 귀속되는 것으로 확인된 경우
4) 신탁원본이 감소한 경우

🎯 내 의지와 무관하게 신탁원본 감소 또는 수익자 변경 시

앞서 살펴본 바와 같이 장애인 자녀에게 신탁을 활용해 재산을 증여한다면 5억 원까지 비과세가 가능합니다.

그런데 이런 경우는 어떨까요?

사례
🔍

장애인 자녀가 토지를 증여받고 신탁회사(신탁 당시 가액 5억 원)에 신탁해 증여세 비과세를 받았습니다. 과세가액 불산입(5억 원) 받은

후 수용 등에 의해 처분돼 10억 원의 보상금을 수령한다면 당초 신탁가액인 5억 원만 장애인 신탁에 예치해도 여전히 과세가액 불산입을 적용받을까요?

충분히 있을 수 있는 사례입니다. 특히 장애인 자녀라면 최초 신탁에 맡긴 5억 원 초과분으로 집을 좀 더 장애인 친화적인 환경으로 인테리어를 하는 등 다양한 방법으로 활용할 수 있을 겁니다. 하지만 세법에서는 이 경우 신탁한 토지가 수용돼 보상금을 지급받을 시 보상금 전부를 신탁해지일로부터 2개월 내에 동일한 종류의 신탁에 가입할 때만 증여세가 비과세로 적용해줍니다. 사례처럼 수용보상금 전체가 아닌 최초 가입액 5억 원만 재예치할 경우 토지를 처분한 날에 처분한 재산의 가액을 증여받은 것으로 판단해 증여세를 부과합니다.

재산-583, 2010.08.12.
[제목] 장애인이 증여받은 토지를 신탁업자에게 신탁한 토지가 수용되는 경우
[요약] 장애인이 신탁한 토지가 수용으로 보상금을 지급받은 경우 보상금 전부를 신탁해지일부터 2개월 이내에 동일한 종류의 신탁에 가입하면 증여세를 부과하지 아니하는 것임

다음의 예측할 수 없는 부득이한 사유가 발생했을 경우에는 예외적으로 증여세를 추징하지 않습니다.

🎯 장애인 본인의 의료비 사용 목적으로 신탁재산 중도인출 시

과거에는 신탁기간 동안 중증장애인으로서 의료비, 간병비, 특 수 교육비 및 월 생활자금 등의 부족으로 신탁계약을 해지하거 나 원금 일부를 출금하면, 해당 시점에 면제받은 증여세를 추징 했습니다. 장애인의 안정적인 생활지원을 위해 만든 제도임에도 불구하고 신탁원본이 감소했다는 이유만으로, 장애인의 의료비 목적으로 부득이하게 중도인출한 금액에까지 증여세를 추징하 는 게 취지에 맞지 않는다는 의견이 많았습니다.

그래서 2018년 4월부터 「장애인고용촉진 및 직업재활법」 제
2조 제2호에 따른 중증장애인[1]의 경우에는 신탁기간에 발생한
의료비, 간병비 및 특수교육비의 용도로 원금을 인출하는 경우
에도 증여세 추징 없이 중도인출이 가능하도록 개정되었습니다.
뿐만 아니라, 2020년 세법 개정으로 장애인 본인의 기초 생활비
(최대 월 150만 원) 용도의 인출 또한 신탁원본 감소에 따른 추징
사유에서 제외되었습니다.

🎯 장애인 증여 후 상속이 발생할 시

일반적으로 금전이나 부동산을 상속인인 자녀에게 증여한 후
10년 이내에 증여자가 사망한다면, 증여한 재산을 상속재산가
액에 합산해 상속세를 추가로 부담해야 합니다.

그러나 장애인 자녀에게 보험금이나 신탁재산을 증여한 후
증여자가 10년 이내 사망하는 경우에는 피상속인이 10년 이내
사망해 상속이 개시되더라도 상속재산에 합산되지 않아 상속세
비과세가 가능합니다.

---

1 「5·18민주화운동 관련자 보상 등에 관한 법률」에 따라 장애등급 3급 이상으로 판정된 사람과 「고
엽제후유의증 등 환자지원 및 단체설립에 관한 법률」에 따른 고엽제후유의증환자로서 장애등급
판정을 받은 사람 포함

만약 자녀의 장애가 완치되었다면, 신탁의 이익이 장애인 외의 자에게 귀속되는 것으로 규정해 증여세를 부과할까요? 그렇지는 않습니다. 법에 열거하고 있진 않지만 아래와 같이 국세청 해석 사례도 있기 때문에, 이런 규정을 활용하면 자녀에게 좀 더 많은 도움을 줄 수 있을 것입니다.

> 서면4팀-3802, 2006.11.17.
> [제목] 장애인이 증여받은 재산에 대한 증여세 추징 여부
> [요약] 증여세 과세가액에 산입하지 아니하는 재산을 증여받은 장애인이 단지 장애가 치유된 사실만으로 해당 재산가액을 증여받은 것으로 보지는 아니하는 것임

4장

비거주자를
활용한
상속증여세
절세 노하우

한국인의 상속세 절세 고민이 계속되는 이유

국제화 시대가 되면서 사람들이 세계 각국에 흩어지고, 서로 다른 국적을 가진 가족들도 늘고 있으며, 경제적으로 재산이 국경을 넘나들고 있습니다. 기업들은 전략적으로 조세피난처나 세율이 낮은 국가에 본사를 설립해 세금을 회피하고, 개인들도 세율이 낮은 곳으로 이주하기도 합니다.

우리나라도 높은 상속증여세를 피하기 위해 해외 이민을 선택하는 사람들이 늘고 있습니다.

상속증여세뿐 아니라 최근 주택 양도소득세와 종합부동산세 중과세, 소득세율 최고구간 인상 등 계속되는 부자증세로 해외

이민을 생각하는 분들의 상담이 증가하는 추세입니다.

한국의 상속세가 타 국가에 비해 얼마나 높은지 OECD 주요 국가들과 비교해보겠습니다.

🎯 사망세가 없는 국가도 있다

'사망세'는 거주자가 사망했을 때 그가 보유한 재산이 자녀에게 무상으로 이전되는 것에 대해 부과하는 세금입니다. 우리나라는 사망세를 '상속세'라는 용어로 사용하고 있습니다.

일생 동안 재산을 축적하는 과정에서 소득세를 납부하고 있기 때문에, 이미 한번 과세한 재산에 대해 다시 사망세를 과세한다는 측면에서 이중과세라고도 할 수 있습니다.

우리나라에서도 이런 이유로 헌법재판소에 상속세 위헌 헌법소원이 청구된 적도 있으나, 헌재는 국가 재정수입 확보와 재산상속을 통한 부의 영원한 세습 그리고 집중을 완화해 경제적 균등을 도모하려는 데 목적이 있다며 위헌이 아니라고 판결했습니다. 외국의 경우는 어떨까요?

상속증여세 부과(22개국)	한국, 일본, 프랑스, 영국, 미국, 스페인, 아일랜드, 벨기에, 스위스, 독일, 칠레, 핀란드, 그리스, 네덜란드, 헝가리, 덴마크, 슬로베니아, 아이슬란드, 터키, 폴란드, 이탈리아, 룩셈부르크
비과세(11개국)	에스토니아, 체코, 오스트리아, 스웨덴, 포르투갈, 슬로바키아, 이스라엘, 멕시코, 뉴질랜드, 노르웨이, 라트비아
자본이득세 부과(2개국)	호주, 캐나다

　　OECD 국가 중 호주, 캐나다, 뉴질랜드를 포함한 약 13개 국가에서는 사망세를 부과하지 않습니다. OECD 국가에 포함되지 않는 홍콩과 싱가포르도 사망세가 없습니다.

　　한국에서 가장 많이 이민을 가는 국가인 미국은 사망세를 부과하는 나라이고 최고세율이 40%에 달합니다. 하지만 미국은 증여 또는 상속으로 배우자에게 재산이 이전되는 것에는 세금을 부과하지 않으며, 자녀에게 재산이 이전되더라도 통합세액공제(Unified tax credit)라고 해서 평생 약 440만 달러, 재산금액 약 1,100만 달러까지의 재산에 대해서는 세금이 나오지 않습니다. 즉, 미국은 사망세가 있지만 재산 규모가 약 130억 원을 초과하는 경우에만 세금을 납부합니다.

🎯 한국은 정말 사망세가 높은 국가인가?

▶ OECD 주요 국가 사망세율

국가	최고세율(%)	과세 방식	국가	최고세율(%)	과세 방식
일본	55	상속세	그리스	20	상속세
대한민국	50	유산세	네덜란드	20	상속세
프랑스	45	상속세	핀란드	19	상속세
영국	40	유산세	덴마크	15	유산세
미국	40	유산세	아이슬란드	10	상속세
스페인	34	상속세	터키	10	상속세
아일랜드	33	상속세	폴란드	7	상속세
벨기에	30	상속세	스위스	7	상속세
독일	30	상속세	이탈리아	4	상속세
칠레	25	상속세			

위 표에서 보듯 우리나라의 상속세 최고세율은 50%로, OECD 국가에서 두 번째로 높습니다. 하지만 우리나라는 법인의 주식을 최대주주로 보유하고 있는 경우 평가금액에 20%를 할증하는 규정이 있으므로, 이를 감안하면 최고세율이 60%가 되어 OECD 국가 중 가장 높다고도 말할 수 있습니다.

한편, 법인 주식이 아닌 일반재산에 대해서도 한국의 사망세는 일본보다 높다고 할 수 있습니다. 과세방식에 차이가 있기 때문입니다.

사망세는 과세방식에 따라 크게 유산세와 유산취득세로 나 눕니다. 쉽게 말하자면, 유산세는 사망자(피상속인)의 유산총액 을 기준으로 부과하는 세금이고 유산취득세는 상속인들이 각자 물려받은 상속재산에 대해 상속인별로 내는 세금입니다.

우리나라의 상속세 과세방식은 유산세 과세방식입니다. 상속 세는 과세표준에 따른 누진세율을 적용하기 때문에, 전체 재산 에 세율을 곱해 계산하는 유산세 과세방식은 각자 물려받은 상 속재산에 세율을 곱해 계산하는 유산취득세 과세방식과 비교해 세금이 더 많이 나올 수밖에 없습니다.

결국 우리나라에서의 '사망세' 부담은 OECD 국가들 중 최 고 수준이라 할 수 있습니다. OECD 국가 사망세율 평균의 두 배 수준의 과세체계를 상당 기간 유지하고 있습니다.

우리나라의 상속세 과세체계가 국제화 추세에 발맞춰 나가 지 못한다면 한국인들의 상속세 절세를 위한 고민이 계속될 수 밖에 없을 것입니다.

거주자·비거주자 판단하는 법

 | |  | |

최근 한국에 거주하는 부모가 외국에 거주하는 자녀에게 증여하거나 가족 모두가 외국에 거주하지만 국내에 소재하고 있는 재산을 증여하는 경우, 한국에서 증여세 또는 상속세가 과세되는지 문의가 많습니다.

외국에 시민권을 취득하면 국내 비거주자가 된다거나 비거주자 자녀에게 국외 소재 재산을 증여하면 증여세 납세의무가 없다는 등의 잘못된 정보를 갖고, 증여 플랜을 계획하는 경우도 있습니다.

정말 그럴까요? 지금부터 알아보도록 하겠습니다.

🎯 거주자·비거주자의 판단 기준

가장 기본이 되는 게 세법상 거주성을 판단하는 것입니다. 얼마 전 본인이 거주자인지 판단해달라고 세종시에 있는 국세청 본청에 찾아가 담당자를 만났지만 명확한 답변을 듣지 못하고 왔다는 분도 있었습니다. 이렇듯 세법상 거주자 판단은 누구도 해주지 않습니다.

거주성 판단은 상속이나 증여세 신고·납부를 완료한 후 세무서 조사관이 배정되어 사후적으로 조사 과정에서 결정되기 때문에, 잘못 판단해 신고해버리면 본세뿐만 아니라 가산세까지 문제가 됩니다.

대부분의 OECD 국가들은 세법상 거주자 여부를 거주일수 기준으로 판단하고 있습니다. 1년 365일 중에 절반인 183일 이상 살고 있는 나라에 거주성이 있다고 보는 것입니다.

영주권 또는 시민권을 취득하거나 183일 이상 외국에 거주하면 세법상 비거주자가 되는 것으로 알고 계시는 분들이 많습니다. 하지만 우리나라는 거주일수나 국적뿐 아니라 생활환경이 주로 어느 국가에 있는지 여부로 거주성을 판단합니다.

소득세법에서 거주자를 '국내에 주소를 두거나 183일 이상의 거소를 둔 개인'이라고 규정하고 있는데, 여기서 주소라 함은 단순히 주민등록상 주소지가 아닌 국내에서 생계를 같이하는 가족 및 국내에 소재하는 자산의 유무 등 생활관계의 객관적 사실에 따라 판단하고 있습니다.

따라서 거주자 여부를 판단하기 위해서는 직업, 가족, 자산, 정주의 의사, 경제 및 법률관계 등의 사실관계를 종합적으로 비교 분석해야 합니다.

주의할 점은, 국내 주민등록이 말소되어 외국 시민권을 가지고 있다고 비거주자가 되는 게 아니라는 것입니다. 국적과 관계없이 생활환경이 주로 어느 국가에 있는지로 판단합니다.

◎ 국세청에서는 거주자 판정을 어떻게 할까?

국세청에서 거주자 여부를 판단할 때는 거주일수, 직업, 가족, 자산, 소득, 정주 의사 등으로 비춰 최근 3~5년간 어느 나라에 더 거주성이 있는지를 봅니다.

거주성 판단 시 주로 쟁점이 되는 내용들은 다음과 같습니다.

1) 거주일수

국세청에서 거주성을 볼 때 가장 기본적으로 확인하는 게 출입국관리기록입니다. 과거 3~5년간 출입국관리기록상 국내 거주일수가 183일을 초과한다면 거주자로 판정될 확률이 매우 높습니다. 거주일수에서 출입국 목적이 관광, 질병 치료 등 명백하게 일시적인 것으로 인정되면 그 기간은 제외합니다. 거주일수가 183일을 약간 넘는다면 가족 여행이나 병원 치료 등의 사유를 입증해 183일을 미달하게 만드는 노력을 하기도 합니다.

2) 직업

어느 나라에 직업을 갖고 있는지를 중요하게 봅니다. 해외에서 소득이 발생하는 직업이 있더라도 1년 이상 근로계약이 된 경우가 아닌 아르바이트나 프리랜서로 소득이 발생하는 경우에는 인정받기 쉽지 않습니다. 또한 해외에 직업을 갖고 있더라도 국내의 해외현지법인에 고용된 임직원이나 파견직원, 외교관 등은 국내 거주자로 봅니다.

3) 가족

학생인 자녀는 독립하기 전까지는 부양하는 부모의 거주성을 따라갑니다. 또한 본인은 외국에 거주하더라도 부양하는 가족이 국내에 남아 있는 경우 국내 거주자로 볼 가능성이 높습니다.

4) 자산

주요한 자산이 어느 나라에 있는지를 보는데, 주택 보유 여부를 가장 중요하게 봅니다. 주택은 언제든지 거주할 수 있는 공간이

기 때문에, 어느 한 나라에 주택을 보유하고 있으면 그 나라에 거주할 의사를 가진 것으로 판단합니다.

5) 세금 신고

세금은 납세자가 직접 의도를 가지고 신고하는 것이기 때문에 거주성 의사를 표현한 것으로 봅니다. 캐나다 거주자로 주장하고 싶다면, 캐나다에 전 세계 모든 소득을 신고하는 기록을 남겨야 합니다. 만약, 종합소득세 신고나 과거 증여 시 거주자로 신고했다면 국세청에 기록이 남아 있기 때문에 국내 거주자로 판단될 확률이 높습니다.

6) 기타 경제 및 법률 관계

국내 건강보험 혜택을 받은 기록이 있거나 한국에서 발급한 신용카드를 사용한다거나 금융기관에 거주자로서 계정을 보유하고 있는 등의 여부도 영향을 미칠 수 있습니다.

▶ 거주자 vs. 비거주자 체크리스트

구분	거주자 판단 요소
거주일수	국내 거주일수(출입국관리기록)
직업	근로 제공 또는 기업의 임원 등재 장소(1년 이상의 정규직 계약) 주요한 소득 발생 장소
가족	동일한 생활자금으로 생계를 같이하는 가족이 있는 장소 가족의 직장 근무지
자산	주요한 자산 소재 국가 상시 거주할 수 있는 주택 보유 장소
세금 납부	거주자로서 전 세계 모든 소득을 신고하고 있는 장소
경제 및 법률관계	영주권, 시민권 취득 국내 금융기관 계좌 개설 및 거래 국내 신용카드 사용 국민건강보험 가입 및 의료 혜택 금전대차거래 또는 부동산계약서상 주소지 국세 및 지방세 신고 주소지 군대 면제 여부

비거주자를 활용한
상속증여세 절세 비법

 | | | |

🎯 비거주자를 활용한 증여 절세법

사례 🔍

서울에 살고 있는 A 씨는 최근 오랫동안 보유하던 100억 원대 신사동 상가를 양도했습니다. 그동안 한 번도 자녀에게 증여를 해준 적이 없었지만, 목돈이 생긴 기회에 자녀 둘에게 현금을 각각 10억 원씩 증여해 줄 계획입니다. 자녀 B(자녀 A: 한국 거주자 / 자녀 B: 미국 거주자)는 오래 전에 미국에서 결혼해 아내와 자녀 모두 미국에서 생활하고 있습니다. 미국에 살고 있는 자녀에게 증여하는 경우에도 증여세를 내야 할까요?

1) 비거주자의 증여세 납세의무

자녀가 비거주자가 되면 증여세를 내지 않아도 된다고 생각하는 분들도 있습니다. 하지만 세법에서는 증여자, 수증자의 거주성과 증여재산의 소재지에 따라 증여세 과세대상을 규정하고 있습니다.

증여세는 기본적으로 수증자가 거주자인 경우 국내외의 모든 증여재산에 대해 과세하며, 수증자가 비거주자인 경우에는 국내 소재의 증여재산에 대해 과세합니다.

다만, 비거주자인 수증자에게 국외재산을 증여할 때도 증여세 납세의무가 발생하는 경우가 있습니다. 상증세법이 아닌 국

▶ **자산 소재지와 거주성에 따른 증여 과세**

자산 소재지	증여자	수증자	납세의무	납세지
국내	거주자	거주자	수증자	수증자 관할
	거주자	비거주자	증여자 연대납세	증여자 관할
	비거주자	거주자	수증자	수증자 관할
	비거주자	비거주자	증여자 연대납세	자산소재지 관할
국외	거주자	거주자	수증자	수증자 관할
	거주자	비거주자	증여자	증여자 관할
	비거주자	거주자	수증자	수증자 관할
	비거주자	비거주자	N/A	N/A

제조세조정에 관한 법률에서 비거주자가 특수관계자인 거주자로부터 국외재산을 증여받는 경우에도 증여세 신고·납부 의무가 존재하는 것으로 규정하고 있습니다.

결국 국내 거주자로부터 재산을 증여받는 경우에는 수증자가 거주자인지 비거주자인지, 재산 소재지가 국내인지 국외인지 상관없이 국내에서 증여세를 신고·납부할 의무가 있으니 주의해야 합니다.

결론적으로, 국내 증여세 납부 의무가 없는 경우의 수는 한 가지입니다. 증여자가 비거주자이고 수증자도 비거주자이며 국외에 재산이 있어야 합니다. 이 외의 모든 케이스는 국내에 증여세 신고·납부할 의무가 있습니다.

앞서 사례의 A 씨의 경우 국내 거주자이기 때문에 한국에 살고 있는 자녀 A와 미국에 살고 있는 자녀 B 모두 한국에 증여세를 신고하고 납부해야 합니다.

2) 비거주자의 증여세 계산방법

앞서 본 바와 같이 수증자가 비거주자더라도 국내 거주자가 증여하는 모든 재산은 국내 증여세 신고·납부 의무가 있습니다. 그럼에도 불구하고, 많은 자산가들은 자녀를 세법상 비거주자로 만들길 원합니다. 수증자가 비거주자인 경우 증여세 계산방법이 다르기 때문입니다.

수증자가 비거주자인 경우 증여세 계산방식

장점: 증여세에 대해 증여자와 연대납세의무가 있습니다. 즉, 증여자가 증여세를 대납해도 재차 증여로 보지 않습니다.

단점: 증여재산공제 5천만 원(미성년자 2천만 원)을 공제받을 수 없습니다.

수증자가 비거주자면 증여재산공제를 공제받을 수 없는 대신 증여세를 대납해도 증여세가 추가 과세되지 않습니다. 5천만 원 이하의 금액을 증여할 땐 자녀가 거주자인 게 유리하지만 억 단위를 넘는 고액의 증여를 계획할 때 자녀가 비거주자인 게 훨씬 유리할 수 있는 것입니다. 증여는 자녀에게 재산을 물려주기 위한 것으로, 비거주자의 경우 증여자가 세금을 대납할 수 있기에 증여세만큼은 세금 없이 증여받는 효과를 누릴 수 있습니다.

A 씨가 자녀 A와 B에게 각각 증여한 현금 10억 원에 대해 증여세 계산 시 한국 거주자 자녀 A는 증여재산공제 5천만 원을 공제받지만, 비거주자 자녀 B는 공제되지 않습니다. 하여, 10억 원에 대한 증여세는 자녀 A가 2억 2,500만 원이고 자녀 B가 2억 4천만 원입니다. 거주자 자녀 A의 증여세가 더 작지만, 이 증여세를 A 씨가 대신 납부한다고 가정하면 자녀 A는 재차 증여에 대한 증여세를 다시 부담해야 하므로 총증여세액은 3억 1천만 원이 되는 것입니다.

▶ 수증자가 거주·비거주인 경우

구분	수증자가 거주자인 경우	수증자가 비거주자인 경우
신고납부기한	증여받은 날이 속하는 달의 말일로부터 3개월 이내	증여받은 날이 속하는 달의 말일로부터 3개월 이내
관할 세무서	수증자 관할 세무서	증여자 관할 세무서
증여공제	공제	공제 안 됨
연대납세의무	재차 증여로 합산과세	과세 안 됨

▶ 거주·비거주자 자녀 증여세 차이

구분	거주자 자녀 A	비거주자 자녀 B
증여재산	10억 원	10억 원
증여재산공제	(5천만 원)	-
과세표준	9억 5천만 원	10억 원
세율	30%	30%
증여세	2억 2,500만 원	2억 4천만 원
재차 증여 증여세	8,500만 원	-
증여세 총납부세액	3억 1천만 원	2억 4천만 원

🎯 비거주자를 활용한 상속 절세법

사례

B 씨는 자녀와 배우자에게 사전증여를 해 상속재산을 일부 줄일 수 있었지만, 아직 현금 25억 원이 남아 있습니다. 최근 상속세가 없

는 나라로 이민을 가면 세금 없이 가족에게 재산을 물려줄 수 있다는 기사를 봤습니다. B 씨가 과연 상속세를 내지 않을 방법이 있을까요?

1) 비거주자의 상속세 납세의무

증여세는 수증자를 기준으로 납세의무와 계산방법이 달라지지만, 상속세는 피상속인(돌아가신 분)을 기준으로 판단합니다. 피상속인이 거주자인 경우에 국내외 모든 재산에 대해 상속세 납세의무가 있지만, 피상속인이 비거주자라면 국내 소재 재산에 대해서만 과세합니다. 비거주자가 되면서 재산도 모두 외국에 있는 재산이어야 국내에서 상속세 납세의무가 없습니다.

따라서 B 씨가 외국으로 이민을 가면서 모든 재산을 해외로 반출해 재산이 모두 외국에 있는 상태로 상속이 발생한다면, 국내에 상속세를 내지 않을 수 있습니다.

주의할 점으로 사람과 재산은 같은 곳에 있어야 유리하다는 것입니다. 몸만 비거주자가 된다고 해결되는 게 아니라 재산도 외국으로 가야 합니다.

▶ **국내자산과 국외자산**

구분	국내자산	국외자산
거주자	신고	신고
비거주자	신고	N/A

2) 비거주자의 상속세 계산법

최근 상속증여세 회피 목적으로 외국으로 투자이민을 계획하시는 분들이 많은데 몸만 비거주자가 된다고 해결되는 게 아닙니다. 상속공제는 기본적으로 일괄공제 5억 원, 배우자상속공제 5억~30억 원이 공제됩니다. 하지만, 피상속인이 비거주자인 경우에는 국내 상속재산에 대해서만 과세되는 대신 기초공제 2억 원만 공제됩니다.

비거주자가 되더라도 국내 재산에 대해서는 상속세 납세의무가 있고, 공제도 2억 원밖에 되지 않기 때문에 도리어 국내 거주자인 경우보다 더 많은 상속세를 납부하는 경우가 생길 수 있습니다.

▶ 거주·비거주자 상속세 차이

구분	거주자	비거주자
상속재산가액	25억 원	25억 원
- 인적공제	20억 원 (일괄공제+배우자상속공제)	2억 원 (기초공제)
- 물적공제	2억 원(금융재산상속공제)	
상속세 과세표준	3억 원	23억 원
세율	20%	40%
상속세 산출세액	5천만 원	7억 6천만 원

* 배우자상속공제: 상속재산가액 25억 원×(배우자 법정상속비율 1.5)/(전체 법정상속비율 2.5)=15억 원

** 금융재산상속공제: MAX(금융재산 20억 원×20%, 2억 원 한도)=2억 원

B 씨가 비거주자가 되었지만 재산은 한국에 둔 상태에서 상속이 발생한다면, 기초공제 2억 원을 뺀 23억 원이 과세표준이 되어 상속세 약 7억 6천만 원으로 계산됩니다.

만약, B 씨가 한국 거주자라면 최대 공제 22억 원(일괄공제 5억 원+배우자상속공제 최대 15억 원+금융재산상속공제 2억 원)을 적용받아 상속세 약 5천만 원으로 계산됩니다.

< 절세 시크릿 >

비거주자에게 현금 증여하는 법

증여자(부모)가 직접 수증자(자녀)의 해외 계좌로 송금

1) 한국은행에 '기타자본거래 신고' 후 신고필증 수령
2) 외국환은행에 한국은행 신고필증 제출 후 증여 송금 및 증여세 신
   고·납부

외국에 거주하는 자녀의 계좌로 직접 송금하는 방법은 거주자가 비
거주자로의 외화예금 증여로 보기 때문에, 한국은행에 '기타자본거래
신고' 의무가 있습니다.

증여자(부모)가 수증자(자녀) 국내 계좌에 이체 후, 수증자가 해외재산반출 송금

1) 한국은행 '기타자본거래 신고'(수증자가 외국인 비거주자인 경우만)
2) 증여 송금 및 증여세 신고·납부
3) 수증자가 세무서에서 예금 등 자금출처확인서 발급
4) 외국환은행에 자금출처확인서 제출 후 해외재산반출 송금

자녀가 한국에 계좌가 있는 경우에는, 자녀의 국내 계좌에 이체한 후 자녀가 해외재산반출로 가지고 나갈 수 있습니다. 거주자가 비거주자로의 원화예금 증여가 되고, 이때는 수증자가 외국인 비거주자, 즉 외국 시민권자인 경우에만 한국은행 '기타자본거래 신고' 의무가 있습니다.

이민 준비할 때
알아야 하는 세금 상식

한국의 부자들은 상속세를 피하기 위해 외국으로 떠나는 선택을 하기도 합니다.

미국 영주권 취득을 위한 투자이민 금액이 2019년 말 기준 50만 달러에서 90만 달러로 상향되면서 인상되기 전에 이민을 결정한 분들도 있고, 미국 투자이민 제도가 축소되면서 최근 몇 년간은 포르투갈, 터키, 파나마 같은 나라가 투자이민 국가로 주목받기도 했습니다.

투자이민을 진행할 때는 어느 나라에 가는 게 좋을지 또 투자이민 대행업체가 혹시 문제가 있는 곳은 아닌지 걱정하게 되는데요. 이뿐만 아니라 이민을 고민한다면 한국에 남아 있는 재산을 어떻게 정리할지도 반드시 생각해야 합니다.

투자이민을 진행할 때 고액 자산가들은 법무법인이나 회계법인을 통해 2~3년 정도의 컨설팅을 진행합니다.

이들이 많게는 몇 억 원의 수수료를 지급하면서 이민을 준비하는 이유는, 이민이라는 게 몸만 옮겨간다고 해서 끝나는 일이 아니기 때문입니다.

🎯 사람도 재산도 해외로 이민 가야 한다

한국의 상속세는 피상속인, 즉 사망한 사람이 세법상 거주자인지 여부에 따라 과세됩니다. 자녀들이 한국에 살더라도 피상속인이 외국에 거주하고 있다면 비거주자로서 상속세를 계산합니다. 이 과정에서 몸은 이미 비거주자가 되었는데 한국에 있는 재산을 정리하지 못하고 상속이 발생하면, 도리어 한국 거주자로 있는 것보다 못한 결과가 될 수 있습니다.

따라서 이민을 준비할 때는 영주권 신청을 하고 이주자 신고를 하는 것도 중요하지만, 국내 재산을 현금화해 외국으로 송금할 준비를 하는 것이 중요합니다.

반대로, 대부분의 재산이 해외에 있는 상황에서 몸이 한국 거주자라면 한국에 전 세계 모든 재산의 상속세 신고의무가 있게 됩니다.

따라서 해외로 이민을 가거나 한국으로 돌아올 준비를 하는 경우에는 세법상 거주성과 재산 소재지를 오랫동안 다르게 두는 걸 피해야 합니다.

🎯 거주자 신분에서 실행해야 하는 것들

은행 예금은 해외재산 반출을 통해 외국으로 가져갈 수 있지만, 부동산이나 주식은 반드시 현금화 과정을 거쳐야 합니다. 부동산은 처분할 때 시간이 걸릴 수밖에 없고 주택을 보유 중이라면 양도소득세 절세를 위한 플랜도 필요합니다.

꼭 상속세가 아니더라도 한국 거주자 신분인 상태에서 실행해야 하는 것들도 있습니다.

1) 우선 1세대 1주택 비과세 특례는 세법상 거주자에게만 적용되기 때문에 이민을 가기 전에 주택을 양도해야만 세금을 줄일 수 있습니다. 특히, 다주택자라면 1세대 1주택 비과세 특례를 적용받기 위해 최종 1주택이 된 날로부터 2년을 기다려야 하기 때문에 몇 년 전부터 미리 준비해야 합니다.

이민을 간 이후 출국일로부터 2년 이내에는 비과세를 적용하는 특례 규정이 있지만, 이 경우 장기보유특별공제는 1세대 1주택 특례공제율 최대 80%가 아닌 연 2%(최대 30%) 일반공제만 적용되므로 유의해야 합니다.

2) 국내에서 비과세 또는 분리과세 절세 금융상품에 가입되어 있는 경우에는 만기 시 비거주자도 절세 혜택을 볼 수 있습니다. 외국의 거주자가 되면 그 나라에 전 세계 모든 소득을 신고할 의무가 생기는데요. 즉, 한국에서 발생한 소득에 대해 이민 간 나라에서 세금을 내야 하는 것입니다.

이때 비과세나 낮은 세율로 과세되는 특례 규정은 다른 나라에서 인정되지 않기 때문에, 이민 간 나라의 소득세율이 높다면 이민을 가기 전에 만기 전 해지로 인한 손실을 감수하더라도 금융상품을 해약하는 의사결정을 해야 합니다.

이민 절차를 진행하는 것과 동시에 한국의 재산을 정리하는 준비도 함께 해야 하므로, 보유하고 있는 재산의 종류에 따라 몇 년의 준비기간이 필요할 수도 있습니다.

평생 한국에서 살던 사람이 안정감과 친숙함을 버리고 외국으로 이민을 간다는 건 절대 쉬운 일이 아닙니다. 오랜 고민 끝에 이민을 결정했다면, 체크리스트에 세금도 반드시 포함시켜

손해를 보지 않을 계획을 세워야 합니다.

🎯 재산을 팔지 않았는데 양도소득세가 나올 수 있다?

한 나라의 거주자가 해외로 이민을 가서 비거주자가 된다는 건 국세청 입장에서 앞으로 그한테서 양도차익에 대한 세금을 더 이상 거둘 수 없다는 의미로 해석할 수 있습니다.

만약 거주자가 이민 국가에서 자본이득에 대해 과세하지 않거나 저율로 과세하는 조세피난처로 이민을 가는 경우라면, 기존 국가와 이민 국가 모두에서 양도소득세가 과세되지 않고 조세 회피가 가능하게 되는 것입니다.

이에 따라 미국, 일본, EU 등 다수 국가에서는 '역외 조세 회피 방지 및 국내재산에 대한 과세권 확보' 목적으로 출국세(EXIT TAX)를 규정하고 있습니다.

미국은 이미 2008년부터 영주권 또는 시민권을 포기하면 전 세계 모든 재산에 대해 출국세를 과세하고 있고 일본 역시 2015년부터 과세를 시작했습니다.

국내에서 중소기업을 운영하는 C 씨는 자녀교육과 세금 문제로 해외 이민을 계획하고 있습니다. 상속세가 없으면서 한인들이 많이 살고 있다는 캐나다, 싱가포르, 홍콩 등을 염두에 두고 있는데요. 얼마 전 회계사로부터 이민을 가면 세금이 나온다는 이야기를 들었습니다. 재산을 처분하거나 자녀에게 증여한 것도 아니고 개인의 거주성만 국내에서 해외로 바뀌었는데도 세금이 나온다고 하니 황당한데요. 이 말이 사실일까요?

우리나라는 2016년 OECD에서 출국세 도입 권고를 계기로 국외전출자 국내주식 등에 대한 양도소득세(이하 '국외전출세')를 규정해, 2018년 1월 1일부터 시행하고 있습니다. 이에 따라, 해외 이민자는 출국 전에 국내주식 등 보유현황 신고를 출국일 전날까지 해야 하며, 해외이주예정자의 자금출처확인서 발급 시 국외전출세 관련 납세의무자 및 신고 여부에 대한 확인을 이행한 후에 발급하고 있습니다.

🎯 국외전출세는 누가 어떻게 내는가?

국외전출세 납세의무자는 국내법인의 대주주로서 출국일로부터 10년 동안 국내에 주소나 거소를 둔 기간이 5년 이상인 국외전출자를 의미합니다. 대주주라면 거주자가 보유하고 있는 주식에 대해 비록 주식을 실제로 양도하지 않았더라도 국외로 전출하는 시점에 주식을 양도했다고 간주해, 자본이득 차익에 양도소득세를 과세합니다.

국외전출세는 실제로 양도하지 않은 주식에 대해 양도소득세를 신고·납부하는 규정이기 때문에, 실제로 주식을 양도한 경우 먼저 납부한 국외전출세를 공제해 이중과세를 조정하는 규정이 있습니다. 또한 비거주자가 된 시점에 실제 양도되지 않은 자산에 대해 양도되었음을 가정해 계산하므로 납부재원 마련이 어려울 수 있으니 실제로 양도할 때까지 일정 기간 양도소득세 납부를 유예할 수 있습니다. 그리고 국외전출세 납부 후 5년 이내에 다시 양도소득에 대한 과세권이 한국으로 돌아오는 경우에는 환급되는 규정이 있습니다.

🎯 국외전출자 국내주식 등에 대한 양도소득세

1) 과세대상 주식
주식 등이란 주식 또는 출자지분을 말하며, 신주인수권과 증권예탁증권을 포함

(1) 부동산자산 비율 50%(골프장, 스키장업 등 80%) 이상 법인의 주식 포함

(2) 국외전출자가 출국 당시 소유한 국내주식 등(비상장 포함)

2) 납세의무자

다음 요건을 모두 갖춰 출국하는 거주자(국외전출자)

(1) 출국일 전 10년 중 5년 이상 국내에 주소 또는 거소를 둘 것

(2) 소유주식 등의 비율 시가총액 등을 고려해 대주주에 해당할 것

3) 과세표준 및 산출세액

납부세액은 출국일 현재 시가에서 취득가액을 뺀 양도차익에 20%(과세표준 3억 원 이상 25%)를 곱해 계산

(1) **과세표준**: 양도가액(출국일 당시 시가) - 필요경비(취득가액, 양도비 등) - 연 250만 원

(2) **산출세액**: 과세표준×20%(3억 원 초과분 25%)

4) 세액공제

국외전출자가 출국 후 국외전출자 국내주식 등을 실제로 양도한 경우 다음의 세액공제 적용

(1) 조정공제: 실제 양도가액이 과세표준 계산 시의 양도가액보다 낮은 때 차액의 20%(25%)

(2) 외국납부세액공제: 외국 정부에 납부한 세액×(양도가액-필요경비)/ (실제양도가액-필요경비)

(3) 국내원천소득세액공제: 비거주자의 국내원천소득으로 국내에서 과세 되는 경우 MIN(지급액×10%, 양도차익×20%)

5) 신고·납부기한

출국일이 속하는 달의 말일로부터 3개월 이내 납부

단, 납세관리인을 신고한 경우 다음 연도 5월까지 신고기한 연장

6) 납부유예

국내주식 등을 실제로 양도할 때까지 납세지 관할 세무서장에 게 양도소득세 납부유예(출국일로부터 5년, 유학의 경우 10년) 신 청 가능

7) 납부한 세액 환급 및 취소

다음 중 하나에 해당하는 경우 그 사유가 발생한 날부터 1년 이 내에 환급 또는 취소 신청

(1) 국외전출자가 출국일로부터 5년 이내에 국외전출자 국내주식 등을 양

도하지 않고 국내에 입국해 거주자가 되는 경우

(2) 국외전출자가 출국일로부터 5년 이내에 국외전출자 국내주식 등을 거

주자에게 증여한 경우

(3) 국외전출자의 상속인이 국외전출자의 출국일로부터 5년 이내에 국외전

출자 국내주식 등을 상속받은 경우

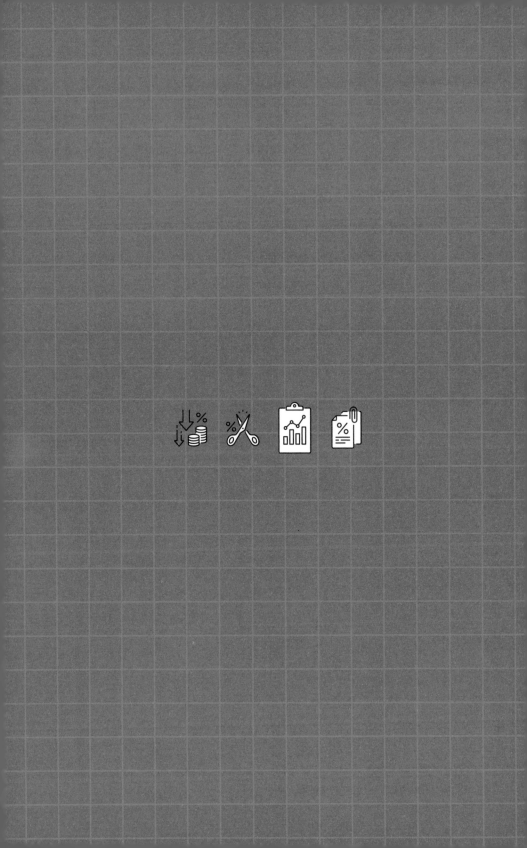

5장

반드시
챙겨야 할
기타
세금 상식

건강보험료 잘 챙기는 법

재산과 소득이 있다면 무시할 수 없는 지출이 건강보험료입니다. 1년에 한 번씩 내는 종합소득세, 법인세, 종합부동산세보다 매월 내는 건강보험료가 무섭다고 얘기하는 분들도 많습니다.

2022년 시행된 건강보험료 부과체계 2단계 개편으로 과세요건이 강화된다는 소식에 건강보험료가 얼마나 늘어날지 걱정이 되는데요. 최근 몇 년간 폭등한 주택가격으로 건강보험료 부과 기준금액인 공시가격이 올라 지역가입자 보험료도 큰 폭으로 상승하고 있고, 직장가입자의 피부양자 자격도 유지하기 어려워졌습니다.

🎯 피부양자 자격 요건

남편이 직장인으로 근무하고 있는 주부 A 씨는 큰 소득이 없어 피부양자 자격으로 건강보험료를 납부하고 있습니다. A 씨의 연소득은 3천만 원(사업소득)이고, 재산세 과세표준 10억 원짜리 1주택을 남편과 공동명의(50:50)로 보유하고 있습니다. 해마다 오르는 집값 때문에 1주택자도 피부양자 자격을 박탈당할 수 있다는 이야기가 있는데, A 씨는 계속해서 피부양자로 남아 있을 수 있을까요?

직장가입자의 피부양자가 되려는 사람은 소득 요건과 재산 요건을 모두 충족해야 합니다. 건강보험료 부과체계 개편에 따라 피부양자 자격 요건이 연소득 2천만 원 이하이거나 재산세 과세표준 5억 4천만 원 이하로 낮아집니다. 재산세 과세표준이 5억 4천만~9억 원 사이라면 연소득 1천만 원 이하여야 피부양자 자격을 유지할 수 있습니다.

A 씨는 현재 연 3천만 원의 소득과 재산세 과세표준 5억 원의 재산을 보유하고 있습니다. 2022년 8월까지는 피부양자 자격을 유지할 수 있지만, 9월부터는 변경된 기준으로 연소득이 2천만 원을 초과하기 때문에 피부양자 자격이 박탈됩니다. 피부양자 자격이 박탈된다는 건, 건강보험료 지역가입자로 전환되어

▶ 피부양자 자격 요건

구분	2022년 8월 이전	2022년 9월 이후
소득 요건	소득 구분 없이 연소득 3,400만 원 이하	소득 구분 없이 연소득 2천만 원 이하
재산 요건	재산세 과세표준 5억 4천만 원 이하 or 재산세 과세표준 5억 4천만 원~9억 원 &연소득 1천만 원 이하	재산세 과세표준 5억 4천만 원 이하 or 재산세 과세표준 5억 4천만 원~9억 원 &연소득 1천만 원 이하

* 사업자등록이 되어 있지 않은 경우 사업소득이 연 500만 원 이하, 사업자등록이 되어 있는 경우는 사업소득이 없어야 함

** 부부가 모두 자녀의 피부양자로 되어 있는 경우에는 부부 개인별로 요건 충족 여부를 판단하고, 만약 배우자 중 한 명이 소득요건 미충족 시 부부 모두 피부양자 자격 박탈

A 씨의 소득과 재산의 규모에 따라 건강보험료 부과 대상이 되는 걸 의미합니다.

> ## TIP
>
> ### 지역가입자의 피부양자
>
> 지역가입자에는 피부양자라는 게 없습니다. 직장가입자 세대주가 있는 경우에만 피부양자 자격으로 있을 수 있습니다. 배우자가 지역가입자이고 자신은 피부양자라고 생각하는 분들이 있는데, 건강보험료가 세대주 명의로만 고지서가 날아오기 때문에 생기는 오해입니다. 세대에 직장가입자가 없다면 모두 지역가입자에 해당하고, 이때 전체 세대원들의 소득과 재산을 합산해 과세됩니다.

🎯 지역가입자의 건강보험료 계산법

지역가입자의 보험료는 가입자의 소득과 재산(자동차 포함)을 참작해 정한 부과요소별 점수를 합산한 보험료 부과점수에 점수당 금액을 곱해 보험료를 산정하고, 세대 단위로 고지서를 발송합니다. 점수는 '국민건강보험법 시행령 별표 4'에 따라 환산하고, 부과점수당 금액(2024년 208.4원)을 곱해 산정된 보험료에는 장기요양보험료(2024년 0.9182%)를 추가로 부과합니다.

A 씨의 소득금액과 재산금액을 점수로 환산하면 각각 소득 850.528점, 재산 757점입니다.

부과점수를 합산한 1,635.528점을 기준으로 산정된 지역가입자 보험료 금액은 장기요양보험료를 포함해 월 378,380원입

▶ **A 씨의 보험료 계산**

① 소득(사업·연금·근로·기타소득)	850.528점
② 소득최저보험료	0원
③ 재산(주택·건물·토지·전월세 등)	757점
④ 자동차	0점
⑤ 건강보험료 (①+③+④)×208.4원(2024년도 부과점수당 금액)+②	335,000원
⑥ 장기요양보험료(⑤×0.9182%/7.09%, 2024년 기준)	43,380원
⑦ 지역보험료(⑤+⑥)	378,380원

지역가입자 건강보험료 부과체계

부과요소별 부과점수: [소득+재산(전월세 포함)+자동차]×부과점수당 금액 (208.4원) '국민건강보험법 시행령 별표 4'에 따라 환산
소득: 사업·이자·배당·연금·기타·근로소득(단, 근로·연금소득은 소득금액의 50% 적용)
재산: 토지, 주택, 건축물, 선박, 항공기, 전세/전월세
자동차: 사용 연수 9년 미만이거나 차량의 가액이 4천만 원 이상인 승용차만 부과

* 2020년 11월부터 1천만 원 이상 분리과세 금융소득과 분리과세 주택임대소득 금액을 보험료 부과 대상으로 포함하고 있음
** 연금소득에 대해 현재는 공적연금소득만 보험료를 부과하고, 은행·보험사에서 개인적으로 가입하는 개인연금, 퇴직연금 등 사적연금소득은 제외하고 있음

니다. 즉, A 씨는 2022년 8월까지는 보험료가 '0'원이지만 9월부터는 월 378,380원의 보험료를 매달 납부해야 합니다.

🎯 피부양자 자격을 유지하는 법

피부양자 자격을 유지하기 위해서는, 연소득이 1천만 원 이하가 되거나 재산세 과세표준을 5억 4천만 원 이하로 낮춰야 합니다.

1) 금융소득 이자 수입 시기를 조정한다

금융상품별로 수익실현 시기를 조정해 연 1천만 원 이하가 되도록 고르게 분산시킵니다.

2) 비과세 상품 또는 사적연금 상품에 가입한다

일정 요건을 갖추면 만기 시 비과세되는 금융상품은, 소득세 절세 목적으로도 유용하지만 건강보험료 부과 대상 소득을 줄이는 데도 유용합니다. 또한 현재 사적연금은 연금 수령 시 건강보험료 과세대상에서 제외되기 때문에 단기간 내 필요하지 않는 여유 자금은 연금 상품으로 운용하는 게 좋습니다.

3) 금융자산을 배우자 또는 자녀에게 증여해 금융소득을 분산한다

증여재산공제 한도(배우자 6억 원, 자녀 5천만 원)를 활용해 증여세 없이 금융소득을 분산시켜, 인별로 과세되는 소득세율도 낮추고 건강보험료 피부양자 자격도 유지할 수 있습니다.

4) 양도 또는 증여를 통해 재산세 과세표준을 낮춘다

부동산을 처분하거나 일부 지분을 배우자 또는 자녀에게 증여해, 재산세 과세표준 5억 4천만 원 이하로 만들어 피부양자 요건을 충족시키는 것도 고려해볼 수 있습니다.

🎯 직장가입자의 건강보험료 계산법

직장가입자의 보험료는 월급여액인 보수월액을 기준으로 보험료율인 7.09%(2023년 기준)를 곱한 금액으로 산정합니다. 이 금액은 사업주와 근로자가 1/2씩 부담하게 되는데, 즉 근로자는 보수월액의 3.545%를 매월 납부하는 것입니다.

그리고 보수 외 다른 소득이 2천만 원(2024년 기준)을 초과하는 경우에는 그 초과된 금액의 7.09%를 추가로 부담하도록 하고 있습니다. 여기에 지역가입자와 마찬가지로 장기요양보험료(2024년 0.9182%)를 추가로 부과합니다.

TIP

직장가입자 건강보험료 부과체계

---

1) 보수월액보험료: 보수월액×건강보험료율(7.09%)
* 보수월액은 당해연도에 지급받은 보수총액을 근무월수로 나눈 금액
* 사업주와 근로자가 1/2씩 부담
2) 소득월액보험료: {(연간 보수외소득 - 2천만 원)/12}×소득평가율×건강보험료율(7.09%)
* 소득평가율: 사업·이자·배당·기타소득 100%, 근로·연금소득 50%

🎯 퇴직한다고 무조건
지역가입자가 되는 건 아니다

직장을 다니면 건강보험료를 직장가입자로서 납부하다가, 은퇴를 하면 다른 직장가입자의 피부양자가 되거나 지역가입자로 자격이 변경됩니다. 직장을 다니다 퇴직하면 다음 달에 바로 지역가입자 건강보험료 납부서를 받게 되는데, 직장가입자와 지역가입자 계산방식에 차이가 있다 보니 예상치 못한 부담으로 다가오는 경우도 많습니다.

직장가입자는 '소득'만으로 건강보험료를 계산하지만, 지역가입자는 '소득'과 '재산'을 모두 반영하기 때문에 부동산 등 재산금액이 큰 경우에는 직장가입자를 유지하는 게 유리합니다. 또한 가족들 모두가 직장가입자의 피부양자로 등록되어 있었다가 한꺼번에 지역가입자가 되면서 세대를 합산해 부과되기 때문에 부담이 커질 수밖에 없습니다.

이런 류의 부담을 완화하고자 '임의계속가입자 제도'를 운영하고 있습니다. 지역가입자 전환 후 2개월 내에 임의계속가입자 신청서를 제출하면, 최장 36개월까지 직장가입자로서의 지위를 유지할 수 있도록 하는 제도입니다.

임의계속가입자가 되면 퇴직 전에 내던 직장가입자 보험료를 동일하게 납부할 수 있고, 배우자 또는 자녀가 피부양자였던 경우 피부양자 자격도 그대로 유지할 수 있습니다.

퇴직 후 건강보험공단에서 지역가입자 전환 납부서와 함께 임의계속가입자 신청서를 동봉해 보내는데, 지역가입자 보험료와 직장가입자일 때 내던 보험료를 비교해 유리한 방향으로 선택할 수 있습니다.

건강보험료 관련 최다 질문 리스트

Q1 건강보험료를 부과하는 소득 종류는 무엇인가요?

현재 보험료를 부과하고 있는 소득은 「소득세법」의 종합과세소득과 공적연금소득입니다. 종합과세소득은 사업소득, 금융소득(이자+배당), 근로소득, 기타소득이고 연금소득은 국세청 자료가 아닌 5대 공적연금(공무원연금, 군인연금, 사학연금, 별정우체국연금, 국민연금) 자료로 부과합니다. 보험료 부과에 적용하는 사업·이자·배당·사업·기타소득은 필요경비를 제외한 소득금액이며, 근로·연금소득의 경우에는 필요경비적 성격의 소득공제를 하지 않은 총수입금액으로 부과합니다.

한편, 2020년 11월부터는 분리과세 주택임대소득 및 1천만 원 이상 분리과세 금융소득에 대한 보험료도 국세청으로부터 자료를 수집해 반영하고 있습니다.

Q2 보험료에 반영되는 소득과 재산금액은 언제를 기준으로 적용하나요?

전년도 발생한 소득을 5월에 종합소득신고 후 확정된 소득을 11월에 부과하고, 재산은 매년 6월 1일 기준 재산세 과세자료를 11월에 부과합니다. 다만, 공적연금기관의 연금소득자료는 전년도 귀속분 소득금액을 매년 1월부터 적용하고 있습니다.

보험료 부과를 위한 국세청 소득자료는 전년도 귀속분 소득금액을 올해 11월부터 다음 연도 10월까지 적용하고 있습니다.

2020년도 귀속분 소득금액은 2021년 11월~2022년 10월까지 부과
2021년도 귀속분 소득금액은 2022년 11월~2023년 10월까지 부과

Q3 2022년 9월부터 2천만 원으로 낮아지는 기준금액은 언제 소득으로 반영되나요?

2022년 9월부터는 직장가입자 피부양자 소득 기준과 직장가입자 소득월액 보험료 기준이 3,400만 원에서 2천만 원으로 조정됩니다. 2020년 소득금액은 2021년 11월~2022년 10월까지 부과되기 때문에 2022년 9월부터 10월까지는 2020년 소득금액이 반영되고, 2022년 11월부터는 2021년 발생 소득을 기준으로 반영됩니다.

Q4 분리과세 임대소득이 있거나 금융소득이 1천만 원을 넘으면 피부양자 자격 요건 위반인가요?

분리과세 임대소득 또는 분리과세 금융소득이 있다고 해서 무조건 피부양자 자격 요건을 위반하는 건 아닙니다.

분리과세 임대소득은 사업소득으로 필요경비를 제외한 소득금액이 있는 경우에 피부양자 자격 요건 위반입니다. 즉, 임대등록을 한 경우에는 연 임대료 1천만 원 초과, 임대등록을 하지 않은 경우에는 연 임대료 400만 원 초과해야 피부양자 자격이 박탈됩니다(단, 주택임대소득 제외한 종합소득이 2천만 원 이하인 경우).

분리과세 금융소득은 다른 소득과 합산해 피부양자 요건 기준을 초과하는 경우에 피부양자 자격 요건 위반입니다. 분리과세 금융소득이 1천만 원을 초과하는 경우 전체 금액이 합산됩니다.

가상자산소득 과세에 대하여

※ 2022년 세법 개정으로 종전 2023년부터 시행 예정이던 가상자산소득 과세가 2025년 1월 1일부터로 2년 유예되었습니다.

2025년에 시행될 세법 개정으로 모든 상장주식의 양도차익을 과세하는 금융투자소득에 대한 조항 신설과 더불어 가상자산 관련 소득을 과세하는 법안도 통과되었습니다.

본격적인 가상자산소득 과세 전면시행을 위해 소득세법, 법인세법과 더불어 '특금법'(특정금융거래정보의 보고 및 이용 등에 관한 법률) 등에 대한 개정 작업도 진행되었습니다.

이제 가상화폐에는 '가상자산'이라는 법적 명칭이 부여되어 자산으로의 가치를 인정받게 되었습니다. 가상자산 거래소는 특금법에 따른 실명계좌 거래, 자금세탁 방지, 금융정보분석원에 대한 신고 등을 이행해야 하고, 거래소 이용자는 가상자산소득에 대해 매년 신고할 의무가 생겼습니다.

가상자산으로 얻은 투자이익을 어떻게 과세하는지 알아보겠습니다.

🎯 2025년부터 시행되는 가상자산소득 과세제도

가상자산소득 과세제도는 2023년부터 시행되는 것으로 예정되어 있었으나, 2022년 말 세법 개정으로 2년 유예되어 금융투자소득과 함께 2025년부터 시행됩니다.

2025년 1월 1일부터는 가상자산을 양도·대여함으로써 발생하는 소득은 기타소득으로서 연 250만 원 공제 후 22%(지방소득세 포함)에 해당하는 세액을 매년 5월 종합소득세로 신고·납부해야 합니다.

가상자산 관련 소득은 분리과세 대상 기타소득으로 분류되어 다른 근로소득, 금융소득, 사업소득 등과 합산해 계산하지 않고 22% 과세로 종결됩니다.

또한 법 시행 전 비과세기간 동안의 미실현이익을 소급해 과세하는 걸 피하고자 2024년 12월 31일 현재 시가를 취득가액

가상자산 과세제도 요약

과세대상: 가상자산을 양도·대여함으로써 발생하는 소득

소득 구분: 분리과세 대상 기타소득

소득금액 계산: 총수입금액(양도·대여의 대가)-필요경비(실제 취득가액 등)

취득가액 평가: 선입선출법

의제취득가액 시행: 법 시행 전 보유한 가상자산에 대해 의제취득가액 적용(시행 전 미실현이익 비과세-MAX(2024.12.31 현재 시가, 실제 취득가액))

과세방법: 기타소득으로 분리과세(원천징수하지 않음)

공제금액: 250만 원

세율: 20%(지방소득세 포함 22%)

손익통산: 과세기간 내 손익통산 허용

신고·납부: 연 1회 신고·납부(매년 5월 종합소득세 신고 시 포함)

으로 의제해 2025년 이후 양도차익에 대해서만 과세되도록 합니다. 단, 2024년 12월 31일 현재 시가보다 실제 취득가액이 높은 경우에는 실제 취득가액을 인정합니다.

🎯 해외금융계좌 신고대상에 추가되는 가상자산 거래계좌

2021년 세법 개정으로 거주자의 해외금융계좌 신고의무 대상 범위에 가상자산도 포함되었습니다. 이에 따라 예·적금, 증권,

파생상품 등뿐 아니라 가상자산 거래를 위해 개설한 해외금융
계좌 잔액을 모두 합산해, 매월 말일 중 어느 하루라도 5억 원을
초과한 경우에는 잔액 최고금액을 신고해야 합니다.

거주자가 해외 가상자산 거래를 위해 해외에 개설한 금융계
좌는 2022년 1월 1일 이후 분부터 적용되며, 2023년 6월 최초
로 신고해야 합니다.

합법적으로 덜 내는
상속증여 절세법

초판 1쇄 발행 2024년 3월 21일

지은이 | 이환주 김재현
펴낸곳 | 원앤원북스
펴낸이 | 오운영
경영총괄 | 박종명
편집 | 최윤정 김형욱 이광민 김슬기
디자인 | 윤지예 이영재
마케팅 | 문준영 이지은 박미애
디지털콘텐츠 | 안태정
등록번호 | 제2018-000146호(2018년 1월 23일)
주소 | 04091 서울시 마포구 토정로 222 한국출판콘텐츠센터 319호(신수동)
전화 | (02)719-7735   팩스 | (02)719-7736
이메일 | onobooks2018@naver.com   블로그 | blog.naver.com/onobooks2018

값 | 20,000원
ISBN 979-11-7043-514-3 03320